跨文化传播理论与实践丛书

International Communication Through Omnimedia
Theoretical Innovation and Practical Transition

全媒体国际传播
理论创新与实践转向

刘滢 等 ◎ 著

清华大学出版社
北京

版权所有,侵权必究。举报:010-62782989,beiqinquan@tup.tsinghua.edu.cn。

图书在版编目(CIP)数据

全媒体国际传播:理论创新与实践转向/刘滢等著.—北京:清华大学出版社,2021.6
(跨文化传播理论与实践丛书)
ISBN 978-7-302-56694-6

Ⅰ.①全⋯ Ⅱ.①刘⋯ Ⅲ.①传播学-研究 Ⅳ.①G206

中国版本图书馆 CIP 数据核字(2020)第 203272 号

责任编辑:梁 斐
封面设计:何凤霞
责任校对:刘玉霞
责任印制:杨 艳

出版发行:清华大学出版社
    网 址:http://www.tup.com.cn, http://www.wqbook.com
    地 址:北京清华大学学研大厦A座 邮 编:100084
    社 总 机:010-62770175 邮 购:010-62786544
    投稿与读者服务:010-62776969,c-service@tup.tsinghua.edu.cn
    质量反馈:010-62772015,zhiliang@tup.tsinghua.edu.cn
印 装 者:三河市金元印装有限公司
经 销:全国新华书店
开 本:155mm×235mm 印 张:16.5 字 数:203 千字
版 次:2021 年 7 月第 1 版 印 次:2021 年 7 月第 1 次印刷
定 价:75.00 元

产品编号:088413-01

北京外国语大学"双一流"建设项目成果
项目名称：跨文化传播理论与实践丛书
项目批准号：2020SYLZDXM039

总序

"跨文化传播研究"是一级学科"新闻传播学"下的一个重要分支研究领域,诞生于20世纪50年代的美国,70年代进入美国大学课堂。20世纪90年代,跨文化传播学被介绍进入中国。按照国际传播学会(International Communication Association,ICA)对传播研究的划分,传播研究的主要方面有大众传播、信息科技、电信政策、政治传播、教育与发展传播、新闻研究、传播哲学、跨文化传播、大众文化等。

全球化时代,不断变化的理论和实践推动着跨文化传播研究的深入发展。一般来说,跨文化传播研究的诞生被视为源于美国的人类学研究领域,生根发展于国际关系、语言学领域,繁荣发展于新闻传播研究领域,以"跨文化""跨文化交际""跨文化传通""跨文化交流""跨文化传播"等不同名称,被广泛应用于哲学、文化研究、历史、地理乃至文学、音乐、体育等领域。它们虽有一个自1974年以来被公认(默认)的英文名称,即Intercultural Communication,但是随着理论和实践的不断深入,既有的理论范式已经无法解释现实,而且除了对"communication"汉语翻译的不同选词(交际、传播、交流等)之外,还有基于"跨文化"不同英文词取舍的不同研究旨趣,由此分为三大领域,即 Cross-cultural Communication, Intercultural Communication, Transcultural Communication。此外,国际学术界针对"跨文化传播"

还有 Intra-cultural Communication 这样的研究分支，主要是援引上述三大领域的方法和视角，着重考察均质文化内部的跨文化传播，比如美国白人和黑人等少数族裔、中国内部汉族和少数民族的跨文化议题。①

跨文化传播研究聚焦两大维度：其一是文化对传播的影响研究，探讨一种文化如何影响另外一种文化，并且借助什么样的渠道和运用什么方式施加和提升影响力；其二是传播对文化的影响研究，分析人类传播科技的变迁对文化个体乃至传播模式的影响等。这些研究的目的最终指向的是建构不同文明交流互鉴的平台，通过积极有效的对话消弭彼此之间的误解，通过长远根本的行动融化任何冲突的可能。解决的办法和过程从学理上来看更多体现的是一种"新知识的生产过程"，最终实现"不同的文化能互相尊重、互相理解，相互补充、相互促进，共同发展，各美其美、美人之美、美美与共"② 的文化生态。

中国的文化崛起有赖于对跨文化传播理论和实践的重视。中国政府 2000 年提出"中国文化走出去"战略，中国传媒业 2004 年提出"中国传媒走出去"战略。党的十八大以来，加强国际传播能力建设成为重要任务，基于大众媒体、新媒体和大众传播的国际传播能力、战略的研究在中国这个空间范围内开始获得学理和现实的新生。2021 年 5 月 31 日，习近平总书记在中共中央政治局第三十次集体学习时再次强调，要更好推动中华文化走出去，以文载道、以文传声、以文化人，向世界阐释推介更多具有

---

① 对于这三大领域，基本的区别在于：Cross-cultural Communication 主要是一种比较的方法，应用于商业和文学、文化的跨文化比较；Intercultural Communication 更多地采用民族志或人类学其他方法深入文化的内里进行考察；Trans-cultural Communication 则更多的是一种文化理论或者文化哲学的跨文化研究。更详细的分析和案例请参考：姜飞，黄廓. 对跨文化传播理论两类、四种理论分野的廓清尝试 [J]. 新闻与传播研究，2009（02）.

② 费孝通. 费孝通文集：第十五卷 [M]. 北京：群言出版社，2001：43.

中国特色、体现中国精神、蕴藏中国智慧的优秀文化。批判吸收全球不同国家和地区的跨文化传播理念，有的放矢地应用到中国对外传播的具体实践，与中国打造人类命运共同体的国际传播抱负接轨，是这一理念与中国实际相结合的重要切入点。在这样的视野下，当下亟须一套针对中国实践，因应国际和国内传播格局的变迁和政治形势，面向"两个一百年"（到建党一百年时，使国民经济更加发展，各项制度更加完善；到世纪中叶建国一百年时，基本实现现代化，建成富强民主文明的社会主义国家）的奋斗目标，符合中国特色社会主义建设要求的跨文化传播和国际传播教材，包括理论、跨文化素养、跨文化传播案例分析、跨文化传播经典文献读本、跨文化传播研究方法、跨文化传播专业英语教程等系列图书，满足政策、管理、实践和教育教学需求。

从学科内部来看，跨文化传播领域相关视野需要整合。在跨文化传播理念引进中国之初，北京外国语大学的胡文仲教授主编《跨文化交际与英语学习》（1990 年）并和同事们一起开发了跨文化交际课程，1995 年组建了中国跨文化交际学会。目前北外是该学会的秘书处所在大学，孙有中教授担任会长。时至今日，随着中国国力的日益增强和国际影响力的不断提升，媒体特别是新兴媒介影响力日盛，基于传播学视角从事跨文化传播研究和教育的人员不断增加，亟须整合来自语言学、教育学、国际关系和公共关系领域的内容，面向新闻传播领域的学生和实践从业者编著一套教材。

实践层面对于跨文化传播研究需求日炽。近年来，中国国务院新闻办公室致力于中国文化的对外传播与交流活动。在世界各地举办了一系列中国文化年、文化月、文化周、"感知中国"等颇具规模的文化交流活动，试图扩大中国文化在国际上的吸引力和影响力，增进中国与世界的互动与理解。中国 2008 年奥运会和 2010 年世博会，是中华文化与世界文化大规模传播的良好契机，也为跨文化传播的研究提供了很好的实例。自2008年以来，政府推进国际传播能力建设和讲好中国故事，2019年是第一个国际传播规划收官之年，也是第二个国际传播规划开启之年，总体来说，跨文化传播，尤其是基于媒体/媒介视角下的全球传播日益成为涵盖政策制定、媒体实践、教育教学领域的热点问题。从关注国外跨文化传播研究一些思想和理论开始，研究这样的一些思想和理论在中国的学科学理合法性、学科建构，发展到现在，逐渐将中国置放在全球化背景下，思考中国文化与世界文化交流的现实问题和规律，反思此前引介的国外跨文化传播理论的中国适应性问题，探索从中国的本土文化资源和国际传播现实出发，建构中国特色的跨文化传播理论和实践模式。

跨文化传播理论与实践系列将是一个丛书方阵。先期出版的四本书定位在跨文化传播理论和实践、国际传播理论和实践，以及跨文化传播的研究方法。

其中，《跨文化传播理论与实践》整合来自教育学、语言学和国际关系学的跨文化交际、跨文化交流视角下的理论和思潮，将一些复杂的概念、关系、逻辑和学理进行系统化、可视化处理，同时兼顾本科生和研究生教学需求。当下中国跨文化传播实践案例的加入使得该书不仅仅是一本培养读者跨文化意识和技能、理论的教材，还能协助读者理解和了解跨文化冲突事件，培育个体积极看待问题的视角。

在2022年北京冬奥会和残奥会即将到来之际，国际新闻行业要求从业人员具备跨文化沟通能力。《外国人眼中的北京文化》定位在北京这个地域文化空间，旨在帮助读者了解在京外国人对北京的文化认知和文化体验，讲述来自不同国家的在京外国人体验北京文化的丰富经历，探索有效跨越文化差异、发展友好关系、建构命运共同体的沟通路径。

国际传播作为跨文化传播研究的一个特殊领域，过去十几年来在中国成为显学。《全媒体国际传播：理论创新与实践转向》重点聚焦媒体融合大趋势下国际传播的前沿理论问题，同时观照国际媒体和中国媒体运用全媒体手段开展国际传播活动的趋势与案例。该书既通过理论和趋势研究突出前瞻性，又通过案例分析体现借鉴性，同时为课堂教学提供新鲜素材，是本土国际传播研究和教材创新的有益探索。

跨文化传播研究离不开科学的研究方法。《传播研究方法与学术写作》系统介绍运用实证性社会科学研究方法开展跨文化传播研究的流程、学理知识和技能。该书还介绍了运用不同社会科学研究方法进行调研的学生案例，对各个研究案例的优缺点进行详细、全方位的评价。

此外，纳入出版规划的教材还包括：《跨文化传播的后殖民语境》（再版），深入分析当前跨文化传播实践和研究的思想史背景；《跨文化传播经典读本》，选取有代表性的跨文化传播研究经典著述，与教材的章节内容相呼应，作为教材内容的延伸阅读；供本科学生和跨文化实践者参考的《跨文化传播经典案例分析》；提升领导干部跨文化传播素养并配合培训使用的《领导干部跨文化传播素养读本》；为从事国际报道、国际关系以及跨文化传播研究和实践提供专业英语能力培养的教材《跨文化传播专业英语教程》等。

百尺竿头，更进一步。丛书是开放的系列，我们如履薄冰，先行一步，欢迎有兴趣的更多同行者联系我们，加入我们；跨文化传播领域亟须更多的专家加入进来，汇聚实践前沿和理论哲思，以众人拾柴的方式铸就学科建设的繁荣和国际传播能力的提升。

总主编　姜飞
2021 年 6 月 28 日

前言

  由于需要跨越国界开展传播活动，遥远的地理障碍迫使国际传播高度依赖信息与通信技术。换言之，信息与通信技术驱动并引领着国际传播的变革与创新。19 世纪，电信号的发明终结了以飞鸽传书和驿马邮递为主的古代通信方式。20 世纪，第一代到第四代移动通信系统分别采用模拟通信、数字通信、移动互联和移动宽带的技术将广袤世界缩小为"地球村"。如今，第五代移动通信技术（5G）开始进入千家万户，它是人工智能、物联网、云计算、区块链、视频社交等新技术新产业的基础，其高速率、泛在网、低功耗、低时延、万物互联、重构安全[①]等特点是对此前移动通信技术的革命性升级。在被誉为"第四次工业革命"的 5G 时代，新闻传播学科或将面临系统重构[②]，全球新闻传播生态或将被重塑[③]，国际传播的主体结构、内容叙事、产品生产链、信息流向和受众体验也将发生深刻变化[④]。

  如果说十年前，我国开始大力加强国际传播能力建设时，新

---

① 项立刚. 5G 时代：什么是 5G，它将如何改变世界[M]. 北京：中国人民大学出版社，2019：98-112.
② 喻国明，曲慧. 边界、要素与结构：论 5G 时代新闻传播学科的系统重构[J]. 新闻与传播研究，2019，26（08）：62-70，127.
③ 史安斌，张耀钟. 5G 时代的新媒体新应用与全球新闻传播生态的重塑[J]. 新互联网时代，2020（02）：.
④ 刘滢. 5G 时代国际传播的新想象[J]. 新闻与写作，2019（10）：80-83.

媒体只是中国媒体国际传播战略的一个重点突破方向①；那么十年后的今天，社交网络、移动客户端等新媒体已然成为国际传播的主阵地，各大媒体正经历融合转型的阵痛；未来十年，国际传播将在世界大变局中迎来创新发展机遇期，基于新技术的智慧媒体平台将全面代替报纸、广播、电视等传统国际传播渠道，成为汇聚全球受众的主流国际舆论场。更为高效先进的传播基础设施正在搭建，勾勒国际传播创新发展的理论构想并选取适宜的现实路径迫在眉睫。

从 2006 年起，我开始从事国际传播与新媒体交叉领域的研究工作，关注国际媒体动态、国际舆论格局和全球传媒业发展趋势，聚焦新的传播技术给新闻传播领域带来的各种变化和影响。一个长期困扰我的问题是：国际传播是一个实践性很强的领域，国际传播研究源自美国，在我国国际传播实践如火如荼的当下，在全球范围内新的媒介形态和传播样态层出不穷的今天，如何透过新形态、新样态和新现象，运用兼具"地方经验"和"全球理论"②的研究视角，把握全媒体国际传播的本质、规律和效果？这些年来，我一直在努力尝试，在积极借鉴西方理论的同时，致力于发掘中国学者基于本土经验建构的相关理论和概念，一方面近距离观察中国媒体的国际传播实践，特别是运用新的传播技术和手段开展的对外传播活动，另一方面远距离描摹知名国际媒体的传播动向和探索路径，力求在理论和实践两方面有所积累。

这本书是我近五年来研究文章的一个选集，由于关注焦点比较集中，研究兴趣比较专一，这些文章内在的联系比较紧密，形成三个清晰的板块。由此，全书分为三部分：上篇聚焦全媒体国

---

① 唐润华，刘滢. 重点突破：中国媒体国际传播的战略选择[J]. 南京社会科学，2011（12）：105-111.
② 李金铨. 国际传播的国际化——反思以后的新起点[J]. 开放时代，2015（01）：211-223.

际传播的理论创新，在博采众家之长的同时尝试提出一些自己的见解；中篇勾勒国际媒体全媒体传播的趋势与路径，不求面面俱到，但求从个案分析中窥豹一斑；下篇探讨中国全媒体国际传播的实践转向，强调问题意识，试图建立起经验与理论之间的内在联系。

感谢北京外国语大学国际新闻与传播学院院长姜飞教授，他的信任、鼓励和支持是本书得以出版的驱动力。本书各章都曾作为单独的论文发表，感谢发表这些论文的刊物：《新闻与写作》《电视研究》《青年记者》《中国记者》《国际传播》《对外传播》等，特别感谢徐朝清、文璐、李蕾、吴奇志、李嘉卓、杜鹃、陈国权、姜雨杉等资深编辑的约稿与把关。

本书第一、二、三、五、六、七、十二、十六、十七、十八章为刘滢独立撰写，其余各章为刘滢和北京外国语大学国际新闻与传播学院的博士研究生和硕士研究生合写，作者分别为：第四章，刘滢、应宵；第八章，刘滢、陈明霞；第九章，刘滢、苏慧文；第十章，刘滢、刘心雨、刘静珊；第十一章，刘滢、胡洁；第十三章，刘滢、陈玉琪；第十四、十五、二十章，刘滢、吴潇；第十九章，刘滢、唐悦哲；第二十一章，刘滢、王笑璇；第二十二章，刘滢、蒲昳林。感谢各位合作者付出的智慧与辛劳！

由衷感谢清华大学出版社的梁斐博士，她专业、严谨、细致的编审工作令人敬佩和感动。

希望本书能为国际传播和新媒体、新传播领域的研究者抛砖引玉，为有志于全媒体国际传播研究和实践的高校学子开拓思路，为国际传播从业者提供一些有益的参考。期待在书中、书外与读者对话，共同探讨已知、新知与未知的各类世界传播议题。

刘　滢

2020 年 1 月 5 日

目录

上篇 全媒体国际传播的理论创新

第一章 "世界大变局"背景下的国际传播理论与实践创新/ 3

一、历史回溯:70年的述评与前瞻/ 4
二、理论探索:着眼全球与立足本土/ 7
三、实践突破:深度融合与对话传播/ 11

第二章 新媒体环境下国际传播的转向与重构/ 15

一、新媒体国际传播的研究脉络/ 16
二、新媒体国际传播实践的未来走向/ 20

第三章 5G时代国际传播的新想象/ 24

一、技术革新对国际传播的决定性意义/ 24
二、5G技术对国际传播的颠覆性影响/ 27
三、5G时代国际传播如何实现跨越式发展/ 31

第四章 媒体国际微传播影响力的内涵与评估/ 33

一、媒体国际微传播影响力的内涵/ 34

二、媒体国际微传播影响力的评估／37

三、媒体国际微传播影响力评估的基本框架与核心指标／41

第五章 "讲好中国故事"的战略目标、实现基础和实施路径／44

一、讲好中国故事的战略目标／44

二、讲好中国故事的实现基础／47

三、讲好中国故事的实施路径／50

第六章 "全球新闻"：新媒体国际传播的着力点与未来走向／54

一、突破新媒体国际传播的瓶颈／55

二、找准新媒体国际传播的着力点／57

三、打造多媒体融合的"全球新闻"／59

中篇　国际媒体全媒体传播的趋势与路径

第七章 "互动新闻"：国外全媒体报道的新实践／67

一、什么是"互动新闻"／68

二、国外"互动新闻"的最新进展及启示／69

第八章 人工智能时代新闻业的行动与思考／76

一、"人工智能"概念的兴起及其内涵／77

二、新闻生产进入"智能化"时代／78

三、从"被动适应"到"主动布局"／83

第九章　国际媒体人工智能应用的技术路径与未来走向/ 87

一、技术路径：从内容推介到数据分析/ 88

二、未来走向：本地化、个性化、交互性/ 92

三、启示：发掘应用与警惕"失控"/ 94

第十章　国际社会化媒体发展新趋势/ 96

一、用户规模不断扩大，但全球分布不均/ 96

二、用户黏性继续增强，偏好呈现代际差异/ 100

三、作为新闻来源地位下降，亟须重建信任/ 103

四、限时分享模式爆增，短视频流行/ 106

第十一章　新闻播客：国外媒体转型的新动向/ 110

一、播客的全球发展态势/ 111

二、新闻播客的发展现状/ 113

三、新闻播客的未来/ 118

第十二章　从BBC扩张计划看英国全球传播战略/ 119

一、亚洲国家：英国全球传播的新重点/ 120

二、数字媒体：英国全球传播的新平台/ 123

三、英语：英国全球传播的最好媒介/ 125

第十三章　路透社对非传播的转向/ 127

一、"他者"视角：片面、歪曲报道非洲/ 128

二、"非洲中心性"：从非洲利益和价值观出发/ 130

三、结论与讨论：非洲社会多样性与全球新闻/ 136

第十四章 美联社打造全球新闻视频传播枢纽/ 138

一、汇聚优质内容：不拘一格开展合作/ 139

二、夯实技术基础：把关与晋级 / 142

三、巧用分发渠道：借助社交网络传播/ 144

四、趋势：融合发展与技术引领/ 146

第十五章 美联社应用区块链技术的战略重点/ 148

一、维护内容版权：去中心化的技术追踪/ 149

二、寻找新客户：区块链新闻平台上的内容使用者/ 152

三、启示：区块链技术与新闻业变革/ 154

第十六章 全媒体背景下的新加坡报业/ 157

一、政策、资金与竞合/ 158

二、内容与技术的联姻/ 161

三、多平台齐发力/ 162

四、打造多语种数字内容/ 164

下篇 中国全媒体国际传播的实践转向

第十七章 融媒体国际传播的优势、问题与改进思路/ 169

一、优势：形式新颖，落地率提高/ 169

二、问题：内容待提升，延续性有欠缺 / 172

三、改进思路：重构融媒体国际传播生产链/ 175

第十八章 "复调"新媒体国际传播的优势、困境与进路/ 178

一、优势：多元主体的合力传播与"核裂变"效果/ 179

二、困境：复杂的传播格局与"后真相"现象/ 182

三、进路：挖掘并合理利用民间自媒体用户力量/ 183

第十九章 反向流动视阈下的社交网络与中国媒体全球传播 / 186

一、反向流动的理论内涵 / 187
二、内容的反向流动：国际社交网络上的中国媒体 / 189
三、平台的反向流动：中国社交网络的全球拓展 / 193
四、全球传播的未来 / 194

第二十章 延展性逻辑下网络视频的跨文化传播 / 196

一、"延展性"和"延展模式" / 196
二、网络视频跨文化传播的研究重点 / 198
三、"歪果仁研究协会"的传播实践 / 201
四、结论、讨论与未来研究方向 / 210

第二十一章 外籍记者上两会：讲好中国故事、创新话语表达的案例解析 / 212

一、外籍记者报道两会的创新方式 / 213
二、外籍记者报道两会的国际传播效果 / 220

第二十二章 电视媒体抗击新冠肺炎疫情报道内容传播新趋势 / 223

一、人性化选材："以人为本"报道理念的创新发展 / 224
二、话题化分类：媒体议程与受众议程"交相呼应"的新阶段 / 227
三、碎片化传播：传统电视内容"化整为零"的新路径 / 229

参考文献 / 232

后记 / 240

全媒体国际传播的理论创新

第一章

"世界大变局"背景下的国际传播理论与实践创新

当今世界处于百年未有之大变局,经济版图、国际力量对比、科技发展等方面均呈现出前所未有的巨大变化。在这样的背景下,我国从2009年开始大力加强国际传播能力建设的第一个十年落下帷幕,研究和实践呼应着新时代的召唤,朝着兼具全球视野和本土特色的方向迈进。在史论研究方面,学者们既从纵向上梳理中国国际传播思想脉络,又在横向上借鉴国外的最新理论成果;既站在人类命运共同体的高度审视中国的发展和国际传播理念,又将本土经验置于世界意义之中进行考察,致力于贡献中国智慧和中国方案。在实践推进方面,世界格局演变和全球范围内媒体融合趋势为我国对外传播机构指明了努力方向,一线传播者主动改变过去的"演讲式"姿态,转而践行"对话式"新闻理念,综合运用传统媒体和新媒体平台开展联动传播,取得了突破性进展。

在更为莫测的第二个十年大幕开启之时,回顾刚刚结束的2019年,有助于我们进一步认清形势,找准关键点,推动国际传播理论创新和实践探索向纵深发展。

一、历史回溯：70年的述评与前瞻

2019年适逢新中国成立70周年,学者们回望历史,从不同角度梳理了中国国家形象建构和对外传播的发展历程。一个突出的特点是,学者们的传播史研究具有强烈的当下意识和开阔的全球视野,不仅条分缕析地从历史中汲取经验,更审时度势地考察新近国际、国内因素带来的各种变化,并在此基础上展望未来,试图为中国的国际传播走向把脉。

（一）宏观层面：勾勒中国走向全球的历史脉络

有学者从国家形象再建构的角度将70年分为"红色中国""开放中国"和"全球中国"三个阶段。史安斌、张耀钟认为,在"一带一路"倡议引领的"新全球化"的时代背景下,一个勇于担当、奋发有为的"全球中国"形象将会得到更多有识之士的接纳和信赖,中国对外传播事业将在"世界百年未有之大变局"的因缘际会中获得新的发展动力。① "全球中国"概念的提出,一方面是对近十年中国走近世界舞台中央着重塑造的新的国家形象特征的高度凝练和概括,另一方面充分肯定了国家、媒体、企业等不同主体对外"复调传播"所取得的成绩。更进一步,这一概念为未来的中国国家形象塑造勾勒了"全球传播"的愿景。

也有学者以改革开放为起始点展开研究,姜飞、张楠梳理了1978年至2019年中国对外传播政策、理论与实践的三次浪潮,认

---

① 史安斌,张耀钟. 新中国形象的再建构:70年对外传播理论和实践的创新路径[J]. 全球传媒学刊,2019,6(02):26-38.

为在中美贸易争端和全球新兴力量博弈形势下,国际传播已经事实性地超越信息传递和产业布局的初衷,正拉开全球性战略传播格局在重组生态下,全球政治、经济和军事力量重组的宏大序幕。① 这一观点大大扩展了国际传播定义的内涵和外延,在新时代赋予跨越国界的传播活动以更为重要和基础性的意义,将之置于未来推动国际格局重构的中枢地位。

(二) 中观层面:剖析影响国际传播的内外部因素

从内部因素来看,赵永华、孟林山认为对外传播思想与政治思想和外交理念息息相关,他们梳理出五大外交理念,分别是"国家独立与民族解放""和平与发展""反对霸权,维护和平""建设和谐世界"和"人类命运共同体",以及与这些理念一一对应的对外传播思想,即"向世界展示中国""让世界了解中国""向世界说明中国""让中国走向世界"和"让中国影响世界"。② 沿着历史脉络的纵向剖析层层递进,清晰呈现了中国对外传播思想的发展进程。

对外传播制度是另一个重要的内部因素。周庆安、聂悄语开创性地从新制度主义的角度考察中国对外传播的制度史,认为其呈现出"渐进式转型"的特征,既投射了中国人对自身的看法,也连接了中国外交政策和话语体系表达的变化。③ 对于制度变迁的探索是对外传播史研究的一个崭新视角,作者跳出现象描述和归纳总结式的研究窠臼,尝试对原因进行深入分析,试图解决的是一个相关领域研究中的重要问题,即对外传播活动的依据来源。

---

① 姜飞,张楠. 中国对外传播的三次浪潮(1978—2019)[J]. 全球传媒学刊,2019,6(02):39-58.
② 赵永华,孟林山. 时局、外交与对外传播思想:新中国成立70年的演进[J]. 对外传播,2019,(06):4-6.
③ 周庆安,聂悄语. 认同构建与制度转型:中国对外传播70年的新制度主义研究[J]. 全球传媒学刊,2019,6(02):59-73.

国际舆论对华态度的变化是中国开展国际传播的外部环境，它在很大程度上影响着中国对外传播的使命。涂鸣华、李彬以中华人民共和国成立为起点，将中国对外传播环境划分为两个阶段：前30年对外传播的主要目的是宣传新中国的革命和建设，支持世界人民的革命斗争；后40年则是向世界传播中国，让世界了解中国。[1] 这一划分方式同样以改革开放为节点，把经济建设大局、国外社会科学引入、国际政治格局变化等因素纳入研究视野，梳理分析了对外传播中的若干重要问题，既包括传播链条中的相关环节，也包括传播观念、理念、思想的变迁。在总结过往的经验基础上，得出以我为主、服从和服务中国大局的结论，呼吁展现中国气派的国际传播理论的诞生。

（三）微观层面：梳理媒介技术和传播形态的变迁

国际传播高度依赖媒介技术和传播渠道，对中国对外传播历史的回溯绕不过对技术变革的考察。朱鸿军、蒲晓回顾了新中国成立70年来对外传播媒介与传播观念的变迁，认为变革不只发生在媒介形态当中，技术之变带来的是传播场域的重新洗牌、传播政策的调整转换，也是传播理念与范式的更迭。[2] 作者的分析没有止步于技术的变迁，而是把重点放在了技术基础之上的国际传播观念的演进，同时指出了受众意识不强、不尊重新闻传播规律、缺乏开放精神等现存弊端，并提出了介入软性身份、盘活文化存量、调整传播圈层等策略建议。

视频是当前国际传播领域最受关注的内容形态之一，李宇从

---

[1] 涂鸣华,李彬.新中国成立70年对外传播思想的回顾和展望[J].对外传播,2019(06):7-10.
[2] 朱鸿军,蒲晓.新中国成立70年对外传播媒介与传播观念之变迁回顾[J].对外传播,2019(06):11-13.

理念、翻译策略和合作模式三个方面回顾了影视对外传播的变迁。① 影视是传统的视频形态,也是中华文化对外传播的重要载体,从这一领域发展的历史脉络中汲取经验,有助于在短视频和直播时代,特别是即将到来的5G时代更好地制定国际传播策略,实施"多元本土化战略",开展"一国一策"的传播活动。

二、理论探索:着眼全球与立足本土

国际传播研究的思想性和理论性在2019年进一步提升。学者们一方面尝试扎根中国田野,阐释和发展中国本土的国际传播思想;另一方面继续积极引介国外及其他学科相关理论,并与本土国际传播实践相结合,跨越中西学术的藩篱,冲破"内卷化"(involution)②的缰绳,走向学术的蓝海。

(一)国际传播思想史与新世界主义

姜飞、姬德强从思想史价值、文化内核和实践逻辑三个方面对发展中的中国国际传播思想进行了全面梳理和分析,认为构建人类命运共同体这一命题的提出,为国际政治经济秩序乃至国际传播秩序的重构提供了新的方向,是天下体系的学术思想在政治理想领域的顶层设计,是文化自信、文化自强和文化伟大逻辑的自然延伸,是中国智慧上升为全球传播伦理上游的历史性选择。③ 这项

---

① 李宇. 新中国成立70年中国影视对外传播的发展与变革[J]. 对外传播,2019(06):17-18.
② 李金铨. 传播研究的典范与认同[J]. 书城,2014,13(02):51-63.
③ 姜飞,姬德强. 发展中的中国国际传播思想及其世界意义[J]. 出版发行研究,2019(11):70-76.

研究从思想史的视角切入,用发展的观点看待历史和现实,把中国的传播理念置于全球的视野下进行考量,明确指出中国国际传播思想的丰富时代内涵,并进一步探讨了其世界意义,对于建构中国特色国际传播理论起到了奠基作用。

世界主义的概念在多个学科中被反复论及,但是新闻传播学界长期以来并没有太多相关研究。近年来,随着国际传播上升为国家战略,传播学领域关于世界主义的探讨逐渐增多。韦路、左蒙提出,新世界主义有助于进一步丰富中国的话语体系,推动中国与世界的交流对话,有力推动国际交流与合作的深度发展,成为破解人类发展困局、化解全球性风险的一剂良方。[①]"新世界主义"的反复强调不仅搭建起一座联接中外的理论沟通桥梁,主动探讨中国与世界的关系,更是探索中国气派的国际传播理论、为国际交往和全球治理提供中国方案的有益尝试。

(二)国际传播理念的理论化

围绕"人类命运共同体"理念,学者们的研究视角愈来愈开阔,分析维度趋于多样。唐润华、曹波认为,人类命运共同体理念所蕴含的超越性、包容性和创新性,应该成为新时代中国对外话语体系的基本特征。[②] 他们从价值取向、知识建构、话语表达三个方面具体剖析了中国对外话语体系的建构原则。也有学者将视角转向心理学领域,从共情现象出发探索建构"人类命运共同体"的理论基础与实践路径。吴飞提出,人类应建立一种与他者共在的理念并努力发展共情的关爱,这样才能有利于解决全球传播中"对空言

---

① 韦路,左蒙. 新世界主义的理论正当性及其实践路径[J]. 浙江大学学报(人文社会科学版),2019,49(03):108-120.
② 唐润华,曹波. 人类命运共同体视阈下中国对外话语体系的时代特征[J]. 现代传播(中国传媒大学学报),2019,41(07):33-37.

第一章 "世界大变局"背景下的国际传播理论与实践创新

说"的传播困境。① "共情力""共情文明"等概念的阐释丰富了"人类命运共同体"理念的理论内涵,既是一种跨学科的研究探索,也是立足本土的国际传播理论创新努力。

另一个重要议题是"讲好中国故事",学者们从理论层面对"讲故事"展开了深入思考。胡正荣、李荃认为,国家或者社会治理体系现代化是建构中国故事的基石。② 也有学者试图运用叙事学理论探讨如何"讲好中国故事"。章晓英认为,面对长期以来西方文化叙事的话语垄断,我国国际传播必须传承中国文化智慧和优良基因,着力打造具有中国特色并具普遍意义的叙事学。③ 王昀、陈先红提出"讲好中国故事"的互文叙事模型,尝试分析"讲好中国故事"与全球话语资源配置及文化地理对话的逻辑关联。④ 这些研究反映了学界对于国际传播实践的理论回应,体现了理论与实践的对话。

"讲好中国故事"的根本目的是要提升中国国家形象和国际影响力。国家形象研究在2019年出现新的变化,学者们尝试通过"共识"和"共识的程度"重新分析"差评"的原因。张昆、张铁云从国际合法性视角出发来建构国家形象认知,他们提出,对于形象的"低分"和"差评",应持有一种健康和理性的态度,需理解国家形象是一种有着强烈集合性和共识意义的专属政治概念,它反映的是集体的判断认定情况而非某个国家的单边意志。⑤ 这项研究有助于我们从国家间权力博弈和综合国力较量的角度重新审视国家形

---

① 吴飞. 共情传播的理论基础与实践路径探索[J]. 新闻与传播研究,2019,26(05):59-76.
② 胡正荣,李荃. 推进媒体融合,建设智慧全媒体,提升国际传播能力[J]. 对外传播,2019(05):4-7.
③ 章晓英. 中国对外话语体系建构:一个叙事学视角[J]. 国际传播,2019(01):1-7.
④ 王昀,陈先红. 迈向全球治理语境的国家叙事:"讲好中国故事"的互文叙事模型[J]. 新闻与传播研究,2019,26(7):17-32.
⑤ 张昆,张铁云. "共识"与"共识的程度":国家形象认知的别种维度[J]. 现代传播,2019,41(06):68-72.

象,并对"好评"和"差评"做出更加客观的判断。

(三)赢得国际公信力与推动全球传播秩序重构

随着"复调"对外传播进入常态,公共外交的重要性日益凸显。钟新、陈婷认为,中国方案的对外传播是我国公共外交的一项重要任务,而公共外交的核心目标是通过与国际公众的良性互动赢得国际公信力和良好国际声望以及塑造受国际社会欢迎的国家品牌。[①] 这两位学者从展示专业能力、培养信任关系、表达友好善意三个方面给出了中国方案对外传播的实现路径,这就为多元主体国际传播活动的开展指明了若干可行方向,如何实现与国际公众的良性互动则是下一步需要思考的问题。

国际传播领域另一个永恒的主题是推动全球传播秩序重构,学者们从历史和现实两个维度展开思考。张磊试图透过历史上的四个年份来理解和评估当代全球传播秩序的历史与现状,探索全球传播秩序的新方向、新价值、新逻辑。[②] 龙小农认为,金砖国家(BRICS)要推动全球传播秩序发展与重构,必须走"BRICS+"道路,联合其他发展中国家的力量。[③] 这两个维度交相辉映,一个是从历史中来,一个是从合作中来,分别从不同侧面提供了未来全球传播新秩序形成的借鉴和启发。

---

① 钟新,陈婷. 中国方案的对外传播——基于国际公信力的视角[J]. 对外传播,2019(09):43-45.
② 张磊. 走向人类命运共同体:历史视角下的全球传播秩序变迁与重建[J]. 国际传播,2019(02):1-9.
③ 龙小农. 金砖国家重构全球传播秩序:历史依据与现实路径[J]. 现代传播,2019,41(06):73-79,85.

三、实践突破：深度融合与对话传播

经过十年的国际传播能力建设实践，中国在世界舞台上逐渐有了一席之地，得到越来越多的认可和赞同。当代中国与世界研究院课题组在"一带一路"沿线17个主要国家开展中国观调查发现，"一带一路"沿线主要国家民众对中国整体认可度较高，认为中国政治体制运行高效，认可中国是全球经济发展的重要引擎，赞同中国科技、文化国际影响力日益增强，肯定中国积极参与全球治理。① 在相对积极的效果反馈的鼓舞下，过去一年，国际传播业界在两大方面有所突破：一是回应世界范围内技术革新的变局，朝向深度融合的新型对外传播媒体的建设初见成效；二是自说自话的"演讲式"传播方式出现根本性改变，建立在新兴媒体与传统媒体互联互通基础上的"对话式"传播效果凸显。

（一）从"多渠道传播"到"融合传播"

2019年1月25日，中共中央政治局在人民日报社就全媒体时代和媒体融合发展举行第十二次集体学习，习近平总书记强调："全媒体不断发展，出现了全程媒体、全息媒体、全员媒体、全效媒体，信息无处不在、无所不及、无人不用，导致舆论生态、媒体格局、传播方式发生深刻变化，新闻舆论工作面临新的挑战。"② 围绕

---

① 于运全，翟慧霞，王丹. "一带一路"沿线国家中国观调查分析报告[J]. 对外传播，2019(03)：4-6.
② 新华社. 习近平主持中共中央政治局第十二次集体学习并发表重要讲话[EB/OL].（2019-01-25）[2020-06-20]. http://www.gov.cn/xinwen/2019/01/25/content_5361197.htm.

"四全媒体",利用新技术平台和传播手段深度融合的国际传播实践风起云涌。

主流对外传播媒体的数字化转型进入新的阶段。新华社社长蔡名照撰文写道,新华社聚焦通讯社主业推动融合发展,以供稿线路改革为核心,全面提升服务各类媒体水平,积极探索具有通讯社特色的融合发展之路。经过几年努力,初步形成了新型世界性通讯社的架构,站在了国内外媒体创新的前沿。[①] 中央广播电视总台利用视频资源优势,计划搭乘5G技术的东风。2019年8月20日,总台央视分党组成员姜文波在第二十八届北京国际广播电影电视展览会上发表演讲,公布了总台在5G+4K/8K+AI的应用实践上的战略布局。[②] 追随国际受众的数字迁徙,我国对外传播机构在海外社交平台上的建设取得了较大进展。以中国外文局为例,截至2019年12月,在Facebook、Twitter、YouTube、VK、Instagram、LinkedIn等海外社交网络平台上总计拥有11个语种的51个账号,形成了矩阵式传播的局面。其中,"中国3分钟""China Focus""China Matters"等栏目和账号致力于优质内容的生产和传播,取得了不错的效果。[③]

学界对业界的融合传播实践给予高度关注。史安斌、张耀钟提出"四全+4D"的国际传播创新进路。其中4D指的是国家形象建构的认知、情感两大环节的四个层面:功能(Functional Dimension)、规范(Normative Dimension)、美学(Esthetic Dimension)和情感(Sympathetic Dimension)。[④] 张毓强认为,在一个全球深度

---

① 蔡名照. 探索有通讯社特色的融合发展之路 推动媒体融合向纵深发展[J]. 中国记者,2019(03):8-10.
② 姜文波. 中央广播电视总台5G+4K/8K+AI应用实践[EB/OL](2019-08-20)[2020-06-20]. http://www.birtv.com/content/?5122.html.
③ 数据来源:外文局海外社交平台传播趋势2020专题年会,2019年12月19日。
④ 史安斌,张耀钟."四全+4D":新时代国际传播理论实践的创新进路[J]. 电视研究,2019(07):12-16.

融合的世界中,信息的传递越来越便捷,但如果以民族国家为国际关系的主要行为体来理解和看待世界的话,利益的分割、文化的差异、政治的考量等多种因素还是在一定程度上影响着信息的到达与在场的时空。① 刘滢提出,5G 催生的新应用必将对国际传播的主体结构、内容叙事、产品生产链、信息流向和受众体验产生深刻影响。② 这些论述从不同角度表达了对融合传播的乐观态度和些许担忧,体现了学界与业界的碰撞与交流。

(二) 从"演讲式传播"到"对话式传播"

2019 年的一个重要国际传播事件是中国国际电视台(CGTN)节目主持人刘欣与美国 FOX 商业频道主播翠西·里根的对话。这次对话一改以往自说自话的"演讲式"国际传播方式。刘欣录制的英文评论短视频《中国不会接受不平等协议》经 CGTN、《视点》栏目和个人社交账号传播后引起国际主流媒体的关注,双方在 Twitter 上"对话"约辩后,促成了在美国 FOX 商业频道上的一次中美主播跨洋"对话"直播。这一事件引起了海外舆论的关注,是中国媒体近年来国际传播实践的一次重要突破。郭镇之认为,这是"一次引人注目的跨国'媒介事件';一次难得的中国亮相机会;一次有效的国际公众传播"③。这一媒介事件也体现了国际传播的"涟漪"效应:传统媒体报道在社交网络上传播,社交网络内容引起传统媒体关注,中国媒体与国际媒体联动传播,社交网络反哺传统媒体,形成内外一体的"影响力涟漪"。④

刘欣敢于与美国媒体主播约辩和"对话",体现了世界大变局

---

① 张毓强,黄姗. 中国国际传播中的信息生产、信息在场与沟通达成[J]. 对外传播,2019(08):61-64.
② 刘滢. 5G 时代国际传播的新想象[J]. 新闻与写作,2019(10):80-83.
③ 郭镇之. 乘机出海[J]. 全球传媒学刊,2019,6(03):162-169.
④ 刘滢. 国际传播:全媒体生产链重构[M]. 北京:新华出版社,2016:133.

背景下中国媒体国际传播的新思维。正如中央广播电视总台台长慎海雄所说,要"积极引导国际舆论,敢于交锋亮剑,面对热点问题做到迅速发声、有力回应,有效传播中国声音、中国主张、中国立场"①。中国日报总编辑周树春也指出,当前我们处在"舞台中央与初级阶段"并存、"世界大变局"与"复兴关键期"交织的背景下,面对"最好时期+最大压力"的现实状况,"如何解读怎样说话"日益成为不可回避的日常性重大课题。② 正是对外传播媒体自上而下思维的转变,推动了国际传播的突破性进展。

在新传播技术的助力下,自媒体的国际传播活动也悄然展开,2019年的佼佼者当数李子柒。截至2019年12月,她在YouTube上的粉丝量超过746万,她用充满烟火气和人情味的、制作精良、画面唯美的美食和传统手工制作视频征服了众多国际受众。这一案例的成功启示我们,人类拥有的对自然的向往和情感、审美等方面的共通性是国际传播的重要基础。专业团队和商业力量的支持使她的内容更加优质并具有传播力,为"复调"国际传播"自媒体声部"增加了一段优美的旋律。

(原载《新闻与写作》2020年第2期,原题为《2019年国际传播理论与实践创新》)

---

① 慎海雄. 不忘初心、牢记使命——奋力打造国际一流新型主流媒体[J]. 机关党建研究,2019(08):29-31.
② 周树春. 自觉把握新时代国际传播的特征规律[J]. 对外传播,2019(12):4-6.

第二章

新媒体环境下国际传播的转向与重构

每一次传播技术的升级换代,都伴随着跨越国界的传播活动的颠覆性变化。如今,在全球范围内蓬勃发展的、以互联网为代表的新媒体极大地改变了国际传播的样貌,新媒体技术被视为国际传播领域的关键变革力量之一。[1] 随着互联网发展下半场[2]大幕的开启,传统的以"民族—国家"为主体的"对外广播"式的国际传播早已成为过去时,多元化的传播主体、极为丰富的传播渠道与形式、直接而迅捷的效果反馈使国际传播实践跨入新媒体时代。相应地,新媒体环境下的国际传播理论也酝酿着新一轮的转向与重构,以解释全球范围内发生的新的传播现象,并抽象出具有普遍意义的传播规律。本章尝试梳理国内外新媒体国际传播相关理论的研究脉络,同时基于国际传播实践的现状,前瞻性地分析其未来的发展态势。

---

[1] 吴飞等. 国际传播的理论、现状和发展趋势研究[M]. 北京:经济科学出版社,2016:10.
[2] 喻国明. 互联网发展下半场:"聚变"业态下的行动路线[J]. 新闻与写作,2017(10):48-50.

一、新媒体国际传播的研究脉络

综观近二十年来国内外相关文献,国际传播研究主要围绕历史、理论、现实三个维度展开,新媒体背景下的国际传播研究亦如是。

(一)新媒体掀开国际传播研究新篇章

20世纪末和21世纪初的国际传播理论研究著作中,互联网国际传播往往被写进其中的一个章节,特别是全书的结尾,作为对未来的展望。如英国学者达雅·屠苏在《国际传播:延续与变革》的最后一章"互联网时代的国际传播"中探讨了全球数字鸿沟问题①;美国学者罗伯特·福特纳在《国际传播:"地球都市"的历史、冲突与控制》的最后一章"国际传播系统的未来"中论述了国际电信技术的发展②;在美国学者叶海亚·R.伽摩利珀的《全球传播》一书中,乔治·巴内特和德文·罗森写作了第七章"互联网在全球范围的影响:挑战与前景",他们就互联网对全球文化和国家特征的短期和长期影响做出了一系列的预测③。这些经典文献预言了以互联网为代表的新媒体将成为国际传播研究的重要内容。

与此同时,中国的国际传播学者也在著作和教材中加入了对互联网的分析,如关世杰在《国际传播学》第九章"大众传媒渠道"

---

① 屠苏.国际传播:延续与变革[M].董关鹏,译.北京:新华出版社,2004:285-328.
② 福特纳.国际传播:"地球都市"的历史、冲突与控制[M].刘利群,译.北京:华夏出版社,2000:286-291.
③ 伽摩利珀.全球传播[M].尹宏毅,译.北京:清华大学出版社,2008:119-140.

第二章 新媒体环境下国际传播的转向与重构

中介绍了国际互联网的发展现状、特点及功能,并指出其对传统媒体造成的冲击①;程曼丽在《国际传播学教程》第二章"国际传播的历史"的最后一节分析了互联网时代国际传播的特点②。这些研究建立在对国际传播媒介发展史的梳理基础之上,对以互联网为代表的新媒体给国际传播带来的变化充满期待和憧憬。

近十年来,学界对于新媒体有了更深层次的认识,国际传播领域的相关研究也逐渐深化。在中国学者吴飞等著的《国际传播的理论、现状和发展趋势研究》一书中,"新媒体时代的全球传播"一章不仅剖析了国际传播中的新媒体发展趋势,还把物联网、大数据、自媒体等纳入研究范畴。③有学者开始从多个角度考察国际传播中的新媒体因素,李智在《国际传播》一书的多个章节阐释了新媒体的影响,如第三章"国际传播的历史沿革"最后一节分析了新媒体时代国际传播体系的扩散;第四章"国际传播的主体"最后一节重点讨论了新媒体对个人成为国际传播主体的里程碑意义;第八章"国际传播的受众"中专门论述了新媒体时代国际传播受众地位和身份的变化。④

更有研究者把"新媒体"(或"全媒体")和"国际传播"两个关键词同时列入著作标题,以突显二者结合的重要意义,如田智辉的《新媒体环境下的国际传播》⑤,刘滢的《国际传播:全媒体生产链重构》⑥。可见,新媒体相关问题在国际传播研究中所占的比重逐渐加大,愈来愈成为讨论的焦点。

---

① 关世杰. 国际传播学[M]. 北京:北京大学出版社,2004:381-394.
② 程曼丽. 国际传播学教程[M]. 北京:北京大学出版社,2006:39-48.
③ 吴飞等. 国际传播的理论、现状和发展趋势研究[M]. 北京:经济科学出版社,2016:296-297.
④ 李智. 国际传播[M]. 北京:中国人民大学出版社,2013.
⑤ 田智辉. 新媒体环境下的国际传播[M]. 北京:中国传媒大学出版社,2010.
⑥ 刘滢. 国际传播:全媒体生产链重构[M]. 北京:新华出版社,2016.

(二) 新媒体推动国际传播理论演进

伴随新媒体技术的成熟和国际传播实践的推进,着重突出新媒体特征的国际传播理论和概念悄悄萌芽。如美国学者布雷·麦克尤恩和米利亚姆·索夫雷-丹顿提出的"虚拟世界主义"理论,他们认为,虚拟世界主义是由媒介化的社会空间促成的世界主义,在这样的社会空间中,文化和社会资本可以通过社交网络传递。与实体的世界主义相比,虚拟世界主义允许更大范围的跨越国界的观点传播。① 无独有偶,英国学者爱丽莎·罗伯特森也提出了"媒介化世界主义"的概念,其中的"媒介"指的就是社交网络新媒体。② 世界主义理论在东、西方均有历史渊源,在多个学科得到过不同角度的阐释,但"媒体"或"传播"的作用却很少成为讨论的核心,"虚拟世界主义"与"媒介化世界主义"作为世界主义的衍生概念,强调新媒体特别是社交网络在全球公共政策制定和实施中的作用,可以说,它是数字版的世界主义。③

中国国际传播学者的理论研究关注点也从归纳新媒体国际传播的特点,转向对全球传播格局变化以及"超媒体空间"的思考。早在2006年,中国学者程曼丽就曾指出,互联网时代的国际传播具有以下特点:越来越多的国家参与其间;国际传播主体渐趋多元化;信息传播方式发生变化;传播效果的获得更加直接。④ 时隔七年后,学者史安斌提出,从概念和理论的层面上看,传统的"国际

---

① McEwan B., Sobré-Denton M. Virtual Cosmopolitanism: Constructing Third Cultures and Transmitting Social and Cultural Capital Through Social Media [J]. Journal of International and Intercultural Communication, 2011, 4(4): 252-258.
② Robertson A. Mediated Cosmopolitanism: The World of Television News [M]. Polity, 2010.
③ 刘滢. 国际传播:全媒体生产链重构[M]. 北京:新华出版社, 2016: 32.
④ 程曼丽. 国际传播学教程[M]. 北京:北京大学出版社, 2006: 46-47.

传播"(international communication)应被更符合传媒变局的"全球传播"(global communication)所代替。①在2016年出版的著作中,吴飞等学者则引用了加拿大国际关系理论学家罗纳德·德伯特的"超媒体空间"概念,认为各种不同的媒体形态构建了一个无孔不入的超媒体空间,展开了超媒体时代国际传播理论的思考。②

(三)新媒体引领国际传播战略研究转向

现实层面的国际传播研究主要体现为国家、媒体、企业、社会组织、个人等主体的国际传播战略以及具体的传播策略。

传播技术创新成为国际传播战略研究的一个重点。在2018年1月中国人民大学国家传播战略研究中心举办的"全球传播与中式全球化高端学术论坛"上,学者陈昌凤表示,英美主导的两次全球化浪潮都产生了具有引领作用的科学技术,在新一波中式全球化浪潮下,"大数据""智能化""移动化"将成为影响未来一百年的创新技术,其中发挥核心作用的必将是人工智能。③梁德学、唐润华也认为,在互联网和移动新媒体深刻影响国际格局的时代,若继续固守旧有媒介技术手段,则注定丧失中国价值观国际传播的主导权。④这些论述肯定了新媒体在国际传播战略中的重要地位。

国内外国际传播学者开始联袂在国际学术舞台上探讨中国媒体的国际传播战略。达雅·屠苏、戴雨果、史安斌主编的《中国媒体走向全球》一书首次面向国际学术界,对2009年以来实施的中

---

① 史安斌. 全球传播出现新变局[N]. 社会科学报,2013-05-09(005).
② 吴飞等. 国际传播的理论、现状和发展趋势研究[M]. 北京:经济科学出版社,2016:304.
③ 佚名. 中国人民大学国家传播战略研究中心举办首届高峰论坛[J]. 国际新闻界,2018(03):174-176.
④ 梁德学,唐润华. 媒介技术演进与中国价值观国际传播的路径创新[J]. 国际传播,2018(03):8-18.

国媒体和文化"走出去"工程进行了全方位的梳理和多角度的评析。①其中,大卫·冯的一篇文章专门探讨了中国如何通过社交网络与全球展开对话。②媒体国际传播战略的新传播技术转向显而易见,已然成为最新的研究趋势。

二、新媒体国际传播实践的未来走向

在新传播技术的驱动下,国际传播的渠道和形态不断推陈出新,全球范围内新媒体国际传播实践风起云涌。基于对相关理论的梳理和对国内外传媒业发展现状的把握,我们可以从传播格局、传播主体、传播内容、目标受众四个方面判断和预测未来的发展态势。

(一)传播格局:国内、国际传播一体化趋势加强

新媒体技术模糊了国与国之间的传播疆界,全球受众前所未有地通过互联网紧密联系在一起。传统的对内、对外传播很难再截然划分,"内外一体"传播势不可挡。学者李智提出,互联网不仅将人类传播所及从"点""片""面"扩展成为纵横交错、无限延伸的网络,而且逐渐实现从跨国界向超国界的转变。③中国对外传播媒体已经注意到这一发展方向,在内容产品设计之初就分别考量国际、国内受众的接受习惯,采用差异化叙事策略,制作同一内容产

---

① 常江. 从中国案例到中国范式:评《中国媒体走向全球》[J]. 国际新闻界, 2018, 40(06):173-176.
② Feng D. Social Media and Global Conversation[M]// Thussu D K, De Burgh H, Shi A. China's Media Go Global. Taylor and Francis, 2017: 249-265.
③ 李智. 国际传播[M]. 北京:中国人民大学出版社, 2013:81.

品的双语甚至多语种版本,以及适应不同终端的版式。但是,在选择发送时机和平台时,往往多种版本和版式在国际、国内新媒体平台同时发出,使信息在国内外舆论场同步流动。

这方面的案例不断涌现。2018年6月,中央广播电视总台台长慎海雄专访俄罗斯总统普京的图文视频在国内外新媒体平台上广泛传播。其中,央视新闻客户端主推的3条微视频分别为《竖版微视频:有一种"网红"叫普京》《克宫采访相册》《这是一份来自普京总统的签名礼物》。据了解,该团队在策划之初就确定了"横、竖屏"版式全程同时拍摄的方案,并从拍摄、剪辑、播出全流程竖版视频处理,最终以海报、H5等多种方式直抵终端受众。主创人员称,央视新闻新媒体采取了递进式运营、爆炸式传播的方式,线性接力使用"竖屏海报预热铺垫——图文视频集束发布——解读一图巩固传播"的连贯手法。[①]这些视频在国际新媒体平台上也产生了一定影响,受到国际社会的关注。

(二)传播主体:多元主体的"复调"传播成为主流

从传播主体来看,长期以来国际传播是以"民族—国家"为一元主体的,传统媒体时代,新闻从业者由于具有专业优势,在国际传播活动中占据主导地位。新媒体环境下的国际传播由于门槛降低,传播主体日益多元化。学者彭兰指出,新媒体传播的一个典型特点是,传播门槛的降低带来了"万众皆媒"的景观,过去由专业媒体人主导的大众传播,已经扩展为全民参与的传播。[②]政府、媒体、企业、其他社会组织、个人等传播主体在新媒体平台上多音齐鸣,

---

① 总台台长慎海雄专访普京侧记:彻夜奋战只为最后的精彩[EB/OL].(2018-06-08)[2018-09-25]. http://news.ycwb.com/2018-06/08/content_30026427.htm.
② 彭兰.新媒体传播:新图景与新机理[J].新闻与写作,2018(07):5-11.

形成"复调传播"①的交响乐。

以目前月活跃用户数接近 22 亿②的国际社交网络 Facebook 为例,各国政要、主要媒体、大型企业、NGO 组织、个人等纷纷在这一平台开设账号,开展国际传播活动。传播主体的多元化使传播内容更为丰富,传播路径更趋复杂,传播效果更加不可预测。这一方面使得国际传播图景变得生动丰饶,另一方面为国际传播策略的构建增加了难度。如何使不同传播主体找准各自的声部,共同唱响"和谐之音"? 如何优化新媒体国际传播的路径,提升传播效果? 这也是未来国际传播实践亟须突破的难点。

(三) 传播内容:"全球新闻"是内容建设的努力方向

旨在促进不同国家人们沟通与交流的"全球新闻"将成为内容建设的努力方向。未来,不同国家之间、不同媒体之间的合作将更加深入,国际传播的目标将不仅仅是提升国家形象和国际地位,更多地将致力于贡献全球知识、推动人类社会的共同进步。

仍以中央广播电视总台为例。该台成立后,与俄罗斯中央及地方媒体展开了多层次合作,合作媒体包括今日俄罗斯国际通讯社、全俄电视广播总公司、俄罗斯报社、今日俄罗斯(RT)电视台、塔斯社、俄罗斯西伯利亚媒体集团等。合作的重点目标一是增加新闻信息数量,二是共建新闻客户端、社会化媒体以及互联网等新媒体。其中,中央广播电视总台将与今日俄罗斯国际通讯社共建中俄移动融媒体平台"中俄头条"客户端,共同组建国际评论员工作

---

① 史安斌,盛阳."一带一路"背景下我国对外传播的创新路径[J]. 新闻与写作, 2017(08):10-13.
② Visualizing the Social Media Universe in 2018[EB/OL]. (2018-08-17)[2018-09-11]. http://www.visualcapitalist.com/social-media-universe/.

小组,并在"中俄头条"建立品牌评论栏目。①这些合作体现了新闻机构借助新媒体平台打造"全球新闻"的努力。

（四）目标受众：基于用户画像的分层触达是必然选择

从目标受众来看,尽管"千禧一代"是数字媒体的原住民,但是,随着越来越多的传统媒体受众向新媒体平台迁徙,受众的年龄、职业、教育背景趋于复杂化,对受众群体进行人口统计学画像和媒体使用习惯考察将成为受众研究的应有之义。在此基础上,对受众进行分层传播从而实现传播效果的最大化将是必然选择。"外外有别"还停留在针对不同的国别,在同一个传播对象国内,也应对不同群体的受众实施有区别的传播策略。这种基于用户画像的分层触达一方面可以依托新媒体算法技术自动实现,另一方面有赖于专业传播工作者有针对性的内容设计和制作。

（原载《新闻与写作》2018 年第 10 期）

---

① 中央广播电视总台与今日俄罗斯通讯社签署合作协议[EB/OL].（2018-09-12）[2018-09-12]. http://news.cctv.com/2018/09/12/ARTIFezYbT4FaIty3hSUKOja180912.shtml.

第三章

5G 时代国际传播的新想象

在传播领域,技术的引领和驱动作用是毋庸置疑的。新技术的发明往往预示着新媒介的出现,书籍、报刊、广播、电视、互联网都曾经作为技术进步催生的新媒介助力人类传播活动的拓展,并引起国际传播现象和效果的巨变。5G 作为"第五代移动通信技术",是对现有传播技术的全面升级和改造,将对国际传播的主体结构、内容叙事、产品生产链、信息流向和受众体验产生深刻影响。

一、技术革新对国际传播的决定性意义

人类历史上国际传播的每一次飞跃,事实上都是建立在技术革新的基础上的。国际传播发展的历史从某种程度上就是技术变革的历史,因为它意味着传播基础设施、设备条件的改进和升级,具有决定性的意义和作用。

技术革新是跨越国界的大众传播的前提和基础。造纸术和印刷术的发明,使信息得以批量复制,跨越地域的大众传播成为可

能。活字印刷术的发明进一步降低了书籍印制的成本,载有文化和价值观的各种语言的书籍流传到世界各地。英语、葡萄牙语、西班牙语、法语等语言的纸质媒体就是在这样的背景下在世界不同国家和地区得到广泛传播。18世纪后期至19世纪中期的工业革命进一步提升了印刷机的性能,报纸、杂志等纸质媒体的发行量迅速增加,海外覆盖范围不断扩大。英国作为工业革命的先驱,传播技术优势明显,因此在国际传播领域占尽了先机。

一项新技术的发明有可能影响世界范围的传播格局。19世纪以来,有线电报、无线电报的相继问世使人类迎来了瞬时远距离传输信息的新时代,传播活动由此变得更加高效而迅捷,依赖于信息传播的政治、经济、军事等领域均受益于这项伟大技术的发明。借助电报技术,通讯社告别了信鸽和驿马传递信息的时代,迎来了大发展的契机,国际传播图景发生了翻天覆地的变化。1870年,哈瓦斯、沃尔夫、路透社三大欧洲通讯社建立了"连环同盟"(Ring Combination)[①],划分了世界信息传播的"势力范围",由此形成的国际传播格局产生了深远影响。

技术的优势常常转化为国际舆论战的优势。在国际传播的历史上,广播的地位举足轻重,在"一战""二战"期间均发挥了重要的宣传作用,成为不同国家的国际传播利器。无线电通信技术是广播诞生、发展的根本前提,它使不受政治、地理环境制约的跨国传播成为可能,为国际舆论战的开展提供了方便。英国的BBC、美国的VOA、日本的NHK等都是著名的国际广播,向目标对象国听众宣传本国的价值观和生活方式。"冷战"期间,苏联和美国都充分利用国际广播向世界各国传播自己的政治主张,但是,由于苏联的莫斯科电台在发射机的功率等方面不及西方广播台,传播的有效性也相对较差。为了阻止美国的宣传,苏联和其他华沙组织成员

---

① 程曼丽. 国际传播学教程[M]. 北京:北京大学出版社,2018:23-24.

国还有规律地用电波干扰美国向欧洲传播的"自由之声"和"自由欧洲"两家秘密电台。①

  技术革新直接推动国际传播内容、形式和渠道的升级换代。首先，20世纪60年代，通信卫星的发射成功实现了电视节目的跨国传播。此后，直播卫星的发射成功和数字视频压缩技术的应用使卫星直播电视节目的数量和频道实现了规模式增长。②由此，国际传播进入了视频时代，也催生了以CNN为代表的24小时直播新闻频道，进而推动了全球卫星直播的实现。美国在通信卫星领域的技术优势使其超越欧洲国家成为国际传播的领头羊。其次，同样是在20世纪60年代，计算机网络在美国诞生，并在七八十年代由军用转为民用，使世界范围内的各大网络互联互通。互联网的发展速度比广播、电视更快，应用范围更广，很快成为国际传播的天然平台，特别是社会化媒体的出现，更使实时互动的国际传播成为常态。再次，无线互联网的兴起使国际传播进入了移动、便携的时代，手机、平板电脑等移动终端的出现满足了人们随时随地国际交往的需求。蜂窝移动通信技术从2G到4G的进步使这一渠道变得愈来愈顺畅和便捷。

  可见，人类历史上每一次传播技术的伟大进步都带来了国际传播的巨变。当前，5G技术在世界范围内方兴未艾，作为最新一代的移动蜂窝通信技术，它在速率、容量、时延、能耗四个方面对4G技术进行了全面的大幅提升，由此催生的新应用必将引领国际传播迈入崭新的时代。

---

① Thussu D K. International Communication: Continuity and Change[M]. 3rd ed. New York: Bloomsbury Publishing, 2019: 16-22.
② 李智. 国际传播[M]. 北京：中国人民大学出版社, 2013: 72-74.

二、5G技术对国际传播的颠覆性影响

相比于其他传播活动,国际传播更为复杂和多样。广义而言,它不仅包含跨越国界的大众传播,同样包含跨越国界的人际传播。[①]就具体实践过程来看,国际传播通常情况下也是跨文化的传播。分析5G技术对国际传播的影响就要充分考虑到这些复杂因素。

(一)5G技术将改变国际传播的主体结构

长期以来,民族—国家是国际传播的主要主体,其他主体还包括企业、社会组织和个人等。5G时代,各国政府依托自身强大的资源掌控和调动能力,仍将在跨越国界的传播活动中发挥主导性作用,但是,随着其他主体跨国传播意愿的增强和能力的提升,主体结构将发生重要变化。电信企业由于具备传播基础设施方面的绝对优势,可能会一跃成为国际传播的另一支"主力军",和媒体企业并肩战斗在国际传播的竞技场上。从事国际传播活动的媒体将受益于5G技术带来的巨大变化,获得新的发展契机,在覆盖范围、传播总量和影响力等方面取得突破性进展。传播技术产业链相关的其他企业也有可能加入到国际传播的行列中来,成为新的主体,在不同层面发挥作用。另一方面,由于个人所持有的移动终端可以充分享受5G技术带来的福利,人际之间的跨国传播将变得更加频繁和多样。随着国际传播逐步从宏观走向微观,多元主体"复调

---

① 关世杰.国际传播学[M].北京:北京大学出版社,2004:1.

传播"向纵深发展,个人主体将从国际传播的次要主体晋级为主要主体之一。

（二）5G 技术将改变国际传播的内容叙事

当前的国际传播叙事方式主要有几种形式：一种是多语种文字的新闻信息,既包括短小的消息、推文,也包括长篇的特稿、新闻分析和评论；另一种是图片、视频为主的跨文化影像信息,既包括几分钟的短视频、动画,也包括一两个小时的长视频或系列片。4G 时代,由于传输速度和容量的限制,短视频风靡一时。YouTube 和 Facebook 等海外社交网络平台上,来自各国的短视频竞相涌现,争夺国际受众的注意力资源。然而,短视频毕竟是"轻骑兵",在叙事的结构和深度上有较大的局限性。5G 时代允许我们对视频叙事有更多的想象力,随着中长视频的强势登场[①],国际传播将呈现出新的更丰满、厚重、周详、细腻的图景,各国受众彼此之间的交流和了解将进一步深入,由于"刻板印象"和背景知识匮乏造成的误解和"文化折扣"将有望减轻和消除。2019 年我国工信部已经正式向四家企业发放了 5G 商用牌照,除了三家基础电信运营商中国电信、中国移动、中国联通外,负责全国范围有线电视网络相关业务的中国广电(全称"中国广播电视网络有限公司")也被纳入其中。中国广电是广电系"三网融合"的推进主体,有利于促进广电、电信业务的双向进入。随着 5G 商用进程的推进,国际传播的长视频叙事时代指日可待,用长视频讲述的中国故事将全面呈现中国的悠久历史、政治主张、经济发展、传统文化和社会生活的方方面面。

---

① 喻国明. 5G：一项引发传播学学科范式革命的技术——兼论建立电信传播学的必要性[J]. 新闻与写作, 2019(07)：54-56.

（三）5G 技术将改变国际传播的产品生产链

国际传播的信息需要进行跨文化的编码和解码,因此,产品生产链更为复杂。5G 技术的应用有望重塑生产流程,改变生产链的各个环节。据了解,5G 应用和人工智能(AI)应用有 80%的重合,大部分 AI 应用需要 5G 支持才能落地,"5G 连接万物,AI 使万物智能"。[1]当前,人工智能已经在为国际传播效力,无论是美联社的写稿机器人、新闻追踪,华盛顿邮报的聊天机器人,还是新华社的媒体大脑、虚拟主播,都使国际传播内容产品生产链的各个环节走向全媒体、智能化。在信息采集环节,5G 将使人工智能采集数据瞬时完成,数据量惊人;在信息加工环节,视频化的信息呈现将通过自动化手段完成;在信息发送环节,超低的时延将使"传—受"双方无缝对接;在信息反馈环节,智能化的手段将实时获取国际受众的感受。在 5G 的连接下,国际传播的基础设施空前强大,物联网将助力国际传播内容产品的生产和传播,使跨越国界的信息交流呈现新的样貌。

（四）5G 技术将改变国际传播的信息流向

迄今为止,世界范围内信息的流动仍然是不平衡的,少数发达国家掌控着国际传播的渠道和平台,信息的流动仍然以西方发达国家流向发展中国家为主导方向。[2]从 5G 的全球发展情况来看,中国处于领先的位置,美国、韩国、日本、德国和英国的发展速度也较快。有分析文章认为,中国的 5G 建设和应用将成为"全球 5G 产业的典范,展示出 5G 对人类社会的巨大价值,为世界各国发展 5G 提

---

[1] 王力. 5G 遇到 AI 变化超乎想象[N]. 中国纪检监察报,2019-09-09(006).
[2] 刘滢,唐悦哲. 反向流动视阈下的社交网络与中国媒体全球传播[J]. 新闻与写作,2019(07):71-75.

供高效可靠的方案借鉴"①。随着中国 5G 应用示范价值的显现,包含中国文化和价值观的内容也将受到世界瞩目,在新技术的带动下,来自中国的新闻、信息和观点将更多地流向全球各地。占领了 5G 技术高地的中国,获得了一次逆转全球信息流向的历史机遇,如果能够抓住这次机遇,将有可能撼动全球传播的格局。在此基础上,中国可以进一步为广大发展中国家提供 5G 解决方案,推动兄弟国家传播平台的升级换代,进而促进发展中国家信息向发达国家的逆向流动,为全球范围内信息流动趋于平衡做出贡献。

(五) 5G 技术将改变国际传播的受众体验

当前,国际传播的受众体验仍然以阅读图文、收听音频、收看视频,以及社交网站上的评论、点赞、转发等为主,受众对异域的感受是遥远而陌生的。5G 与虚拟现实(VR)、增强现实(AR)的结合将为国际受众提供身临其境的全新体验,拉近传播者与国际受众的距离,让国际传播变得可浸入、可触摸、可延展、可互动。这样调动所有感官的沉浸式体验无疑将极大地增强国际传播的效果,而实时的效果监测和瞬时的内容传输又将不断改进传播的内容和形式,进一步优化受众的体验,实现超越时空的对接,从而达到国际传播所一直追求的"入脑赢心"。美联社早在 2016 年就上线了虚拟现实和 360 度视频门户频道②,在 5G 网络的支持下,这一频道有望成为美联社国际传播的重要平台。其他国际媒体也在这一领域开展了各种试验,随着 5G 的商用,未来将呈现井喷式发展,无障碍交流、随时进出各文化场景的"地球村"和"地球都市"不再是梦想。

---

① 经济日报. 中国 5G 世界瞩目[EB/OL]. (2019-06-07)[2019-09-15]. http://www.xinhuanet.com/info/2019-06/07/c_138123551.htm.
② 美联社上线 360°视频与 VR 频道![EB/OL]. (2016-03-22)[2019-09-15]. https://news.qq.com/original/quanmeipai/meilianshe.html.

三、5G时代国际传播如何实现跨越式发展

如今,我国在传播技术领域已经走在世界的前列,如何把握好5G商用的契机,在全球传播环境发生巨变的形势下,实现我国面向世界其他国家传播的跨越式发展?如何借助新一代移动通信技术"讲好中国故事,传播好中国声音"?这是当前最为紧迫的议题,以下三个关键点或可作为实践中的抓手。

(一) 丰富场景设置,让国际受众主动"走进故事"

根据5G的技术特点,时空穿梭不再是科幻作品中的想象,有可能成为虚拟现实场景下的真实体验。在实践中,我们可以设置内容丰富的不同地区、城市、乡村的新闻或文化场景,以情节曲折、富有吸引力的故事的形式呈现给国际受众,让国际受众主动"走进故事",体验场景,从而形成共鸣、共情和好感。具体而言,可以是新闻现场的实况、历史事件的再现、传统文化的展示,也可以是自然生态景观的模拟和政治经济现象的具体呈现,甚至可以让国际受众借助5G和虚拟现实技术走进中国的寻常百姓家,亲身体验普通中国人的生活。这样的国际传播给国际受众带来的是真真切切的感受,是有温度的,是诉诸感性的,是以情动人的。这样的感性认识再通过国际受众的解码上升为理性认识,效果将远远优于传统的对外新闻报道和评论。

(二) 利用技术推广契机,搭载中国文化的信息和观点

如果中国真的成为"全球5G产业的典范",那么必然会向世界

上的其他国家推广我们的技术和应用。技术的输出往往伴随着文化的输出,历史上的"英式全球化"和"美式全球化"已经提供了诸多例证,英语的普及和美国生活方式的流行都可以追根溯源到两国传播技术的先发优势。中国5G技术全球推广的契机同时也是"中国文化走出去"的契机,以技术平台搭载我们的信息和观点,有助于精准传播和量身定做。例如,现在我们国际传播强调"一国一策"和"深耕细作",就可以根据传播对象国的技术发展水平和受众媒体接触习惯选择适宜的平台和内容形态,在帮助不同国家和地区升级技术能力的同时,向他们介绍我们的文化和价值观,这需要电信企业和对外传播媒体的通力合作和优势互补。

(三)推出精品长视频,使国际传播从平面化向纵深化发展

如果说短视频让国际受众看到的只是浮光掠影和一鳞半爪,那么,长视频将引领他们深入了解我们的历史、现实和未来。依托5G的高速率和高容量,当务之急是策划、拍摄、制作、推出一批精品长视频,以回应新技术条件对优质视频内容的大量需求。一方面,通过国际合作的方式拍摄一批纪录片,题材可以丰富多样,长度可以不受限制;另一方面,同时鼓励专业和非专业团队、个人拍摄与中国相关的视频内容,大量积累视频素材资源。与此同时,可以有选择地在各地设置一些"5G+4K/8K"的直播点,利用低时延和低能耗的优势向世界直播中国,让世界对中国的了解真正与中国的发展同步。由此,中国的国际传播才能从点到面,从平面向纵深发展,形成立体、全面、生动、丰饶的样貌,真正实现"联接中外,沟通世界"。

(原载《新闻与写作》2019年第10期)

第四章

媒体国际微传播影响力的内涵与评估

伴随互联网技术的革新,全球传播生态环境发生深刻变化。通讯社、报刊、广播电视和新闻网站已经不能满足国际传播活动对范围和效率的更高要求,基于社交网站等社会化媒体的"微传播"以其高覆盖率、强时效性、"核裂变"式传播等特点获得了越来越多媒体的青睐。近年来,以《人民日报》、新华社、中央电视台等为代表的中央级对外传播媒体和以《上海日报》、"第六声"等为代表的地方对外传播媒体纷纷在 Facebook、Twitter、YouTube 等海外社交网络平台开设账号,建立专门的运营团队开展国际微传播活动。

那么,中国媒体国际微传播的影响力究竟如何?是否取得了预期效果?与国际同行相比,处于一个什么位置?如何对媒体国际微传播的影响力进行评估?这些问题长期困扰着学界和业界,仅有的相关研究大多比较零散且落后于实践。本章通过文献梳理和媒体调研,试图在现有研究的基础上,提炼出一些符合实际、可操作性强又有一定前瞻性的核心指标,用于评估媒体国际微传播的影响力。

一、媒体国际微传播影响力的内涵

（一）国际视野下的"微传播"

当前，传播碎片化的趋势正在全球范围内蔓延。从国内来看，所谓微传播，是以微博、微信、移动客户端等新媒体为媒介的信息传播方式，具备针对性强、受众明确、传播内容碎片化等特性。① 在国外，比较流行的微传播渠道同样包括以社交网络平台为主的社会化媒体和移动客户端。不同国家用户对微传播平台的使用偏好各有不同，但总体而言，微传播已经成为国际传播的一种主流方式。

微传播的主体十分多元，既包含政府、营利和非营利机构，也包括个人。值得注意的是，为了追随受众的数字化迁徙，专业媒体机构纷纷在新媒体平台开设账号，开展微传播活动，这正是我们探讨的重点。广义而言，国际视野下的"微传播"活动应包含全球范围内借助新媒体平台开展的形形色色的碎片化传播活动；狭义来看，中国媒体的国际"微传播"活动既包括国内新媒体平台"走出去"，也包括中国媒体借助国外社会化媒体平台向国际受众开展传播。

（二）新闻传播学领域的"影响力"

学界对于"影响力"概念的阐释角度比较多样。周翔、李静曾

---

① 唐绪军,黄楚新,刘瑞生.微传播：正在兴起的主流传播——微传播的现状、特征及意义[J].新闻与写作,2014(09)：5-8.

于 2014 年在一篇研究评述中就新闻传播领域"影响力"概念提出的背景、内涵与外延进行过较为细致的分析。他们发现"影响力"在我国新闻传播领域运用最早可以追溯至 1988 年张学洪的研究,当时这一概念被定义为新闻宣传对"受众的思想、观念、价值取向、社会态度和社会行为"的改变程度。①在传媒经济学领域,喻国明提出了"影响力经济"概念,认为传媒影响力的本质特征是它作为资讯传播渠道而对其受众的社会认知、社会判断、社会决策和社会行为所打上的属于自己的那种"渠道烙印"。②这两个定义均提及受众的认知、态度和行为,但侧重点有所不同,前者落脚点在受众的变化,后者更强调传播渠道的作用。

另一种观点认为"影响力"是一种能力。郑保卫提出,"影响力"是指某一人物或事物对别人的思想及行动产生影响和引导作用的能力。③沈正斌也认为,媒体影响力可以定义为媒体通过新闻作品的传播在社会舆论界引起关注、产生反响、激起共鸣的一种能力。他同时指出另一种理解角度,即媒介或媒体为了达到某种传播效果,借助特定的传播手段向受众传递需求信息而对社会发生作用的力度。④这就从"能力"和"力度"两个方面界定了媒体影响力的概念,前者强调传播能力,后者则侧重传播效果的强弱。

从国外学界来看,对"影响力"概念的理解也比较多元。其中,美国学者罗伯特·B.西奥迪尼(Robert B. Cialdini)的观点比较流行,他在《影响力:说服的心理学》一书中提出"影响力理论"的六

---

① 周翔,李静.传播影响力:概念、研究议题与评估体系研究评述[J].中国媒体发展研究报告,2014(00):160-172.
② 喻国明.影响力经济——对传媒产业本质的一种诠释[J].现代传播-中国传媒大学学报,2003(01):1-3.
③ 郑保卫,李晓喻.影响力 公信力 亲和力——新媒体环境下的党报应对之道[J].新闻与写作,2013(02):35-37.
④ 沈正赋.新媒体时代新闻舆论传播力、引导力、影响力和公信力的重构[J].现代传播,2016(05):1-7.

大原则：互惠、承诺和一致、社会认同、喜好、权威、稀缺。[1]这些原则揭示了产生影响力的原因，从心理学的角度分析了有助于传播效果实现的因素，对新闻传播学领域的影响力研究也颇有启发。特别是社会认同、权威、稀缺等原则，在传媒行业也是适用的。

另一个和"影响力"相近的概念是"公信力"。喻国明认为，媒体的公信力，指的是在公众与媒体的相互作用关系中，媒体赢得公众信任的能力。[2]这一定义同样把公信力归为一种能力，与"影响力"不同的是，公信力概念更强调信任，认为这种信任是在"相互作用"中产生的。西方的媒体公信力（或译为"可信度"）研究可以分为三个方向：新闻来源公信力研究；不同媒介渠道公信力比较研究；公信力元素分析研究。[3]总体而言，西方学界重点考察的是受众对媒体的信任程度。

"影响力"和"公信力"是密不可分的。"影响力"离不开"公信力"，二者有一定的正相关性。媒体要对受众的认知、态度和行为产生稳定而持久的影响，必须具备赢得公众信任的能力。换言之，只有受众对媒体的信任程度较高，媒体才有可能对受众的思想和行动产生影响和引导作用。一般而言，"公信力"较高的媒体，也具有相对较大的"影响力"。

（三）"国际微传播影响力"的定义

什么是"微传播影响力"呢？从受众变化角度，可以定义为基于社会化媒体的"微传播"对受众认知、态度和行为的改变程度；

---

[1] Cialdini R B. Influence: Science and Practice[M]. Boston, MA: Pearson Education, 2009.
[2] 喻国明.中国大众媒介的传播效果与公信力研究——基础理论、评测方法与实证分析[M].北京：经济科学出版社，2009：17.
[3] Kohring M, Matthes J. Trust in News Media Development and Validation of a Multidimensional Scale[J]. Communication Research, 2007, 34(02): 231-252.

第四章　媒体国际微传播影响力的内涵与评估

从传媒经济学角度,可以定义为社会化媒体平台对用户的社会认知、判断、决策和行为所打上的"渠道烙印";从媒体能力角度,可以定义为传播主体通过基于社会化媒体的"微传播"活动对受众思想及行动产生影响和引导作用的能力。如果聚焦于传播效果研究,我们更希望获知的是"微传播"对受众产生的影响,其次是媒体的微传播能力。

把范围扩大至"国际影响力",丁和根认为,它是指一国信息传播的产品对国外市场的渗透力和占有率,以及产品的内容对国外接受者在心理、思想、情感和行为等方面产生作用的能力,它是一种典型的软实力。前者可称为国际市场影响力,后者可称为国际社会影响力。[1]"国际微传播影响力"与之类似,也可从市场渗透力、占有率和对国外受众产生作用的能力两方面来考量。具体而言,指的是媒体经由海外社交网络平台对国外市场的渗透力和占有率,以及对国外社交网络用户产生作用的能力。

由此,我们倾向于这样定义专业媒体机构的"国际微传播影响力":在国际传播中,专业媒体机构通过基于社会化媒体的"微传播"活动对国际市场的覆盖和渗透情况,对国际受众产生影响和引导作用的能力,以及国际受众认知、态度和行为的变化程度。

二、媒体国际微传播影响力的评估

那么,如何评估媒体国际微传播的影响力？我们首先对媒体传播效果评估的相关研究进行了梳理。

建模型的方式使媒体影响力的评估更为便捷并易于比较。为

---

[1] 丁和根. 生产力·传播力·影响力——信息传播国际竞争力的分析框架[J]. 新闻大学, 2010(04): 136-142.

了量化媒体(或媒介)影响力,郑丽勇在《中国新闻传媒影响力报告》一书中提出了"媒介影响力乘法指数模型"。按照信息传播的过程,媒介影响力的产生过程可以分解为接触、认知、说服和放大等四个环节,相应地可以从四个维度评估媒介影响力,即传媒影响力的广度、深度、信度和高度。①四个维度的指标采用乘法模型合成传媒影响力值,即:媒介影响力=受众规模(万人)×平均接触时间(小时/人)×可信度(%)×[1+主流人群比率(%)]。②这一模型较好地反映了传统媒体的影响力维度,但是很难应用于微传播影响力的评估。

更多学者认为可以通过构建指标体系来评估传播效果,他们分别提出了不同的核心指标。程曼丽、王维佳在《对外传播及其效果研究》一书中将对外传播效果评估的核心指标分为客体评估指标和主体评估指标。其中,客体评估指标是面向境外的个人、机构、组织等对外传播的对象设定的效果评估标准;主体评估指标是指面向对外传播媒体设定的效果评估标准。在讨论主体评估指标时,他们提到了"传播影响力角度"指标,包括舆论影响评估指标、发行量评估指标、经济效益评估指标。③虽然这些指标是针对传统对外传播媒体的,但是对于我们评估媒体国际微传播的影响力也有一定的借鉴意义。

柯惠新等选择微观层面的文本和公众两个维度进行效果评估,其中,文本维度分为信源和信息报道内容两个层次;公众维度主要从接触、认知、态度和行为四大层级指标考虑。④郑保卫、唐远清提出了评价公信力的三项指标,分别是受众对传媒单篇报道(包

---

① 郑丽勇. 中国新闻传媒影响力研究报告[M]. 杭州:浙江大学出版社,2011:3.
② 郑丽勇. 中国新闻传媒影响力研究报告[M]. 杭州:浙江大学出版社,2011:64-65.
③ 程曼丽,王维佳. 对外传播及其效果研究[M]. 北京:北京大学出版社,2011.
④ 柯惠新,陈旭辉,李海春,等. 我国对外传播效果评估体系的框架研究[C]// 全国对外传播理论研讨会,2009.

括广告)的信任度;受众在发生重大新闻事件或遇到真相不明的事情时,对传媒的依赖度;受众对传媒诚信、信誉等做出的倾向性、整体性评价的美誉度。①这些指标同样是基于传统媒体的传播效果设立的,在微传播时代需要作相应的改进。

金兼斌等基于微信公众号做了新媒体平台上的科学传播效果研究,他们认为衡量科学传播微信公众号影响力的显性指标包括:阅读总数、平均阅读数、最大阅读数、点赞总数、平均点赞数、最大点赞数、WCI指数;影响公众号影响力的隐性指标包括:内容原创度、多媒体使用度、公众号发文质量、功能拟合度、趣味度、科学度等。②这些指标可以在较大程度上评估国内微传播,特别是微信公众号的影响力,但是,仍然不能完全适用于评估国际微传播,尤其是基于海外社会化媒体的国际微传播活动的影响力。

本书第一作者刘滢曾提出海外社会化媒体传播效果评估指标体系的基本框架与核心指标。她认为,媒体在海外社交网络平台上的传播效果主要体现为内容生成能力、传播延展能力和议题设置能力,海外社会化媒体传播效果评估体系的基本框架也相应地由这三个部分组成,也就是三个一级指标。每个一级指标又分解成若干二级指标,从不同方面展示一级指标的主要内容。一级指标和二级指标都是概念的分解,旨在说明海外社会化媒体传播效果的基本构成。具体体现传播效果强弱的是三级指标——一系列细化了的具体量化指标,它们涉及海外社会化媒体传播的各个环节和要素,是最能对海外社会化媒体传播效果进行评估的核心指标。③由此,构建了一个海外社会化媒体传播效果评估体系的基本框架,如表4-1所示。

---

① 郑保卫,唐远清.试论新闻传媒的公信力[J].新闻爱好者,2004(03):9-11.
② 金兼斌,江苏佳,陈安繁,沈阳.新媒体平台上的科学传播效果:基于微信公众号的研究[J].中国地质大学学报(社会科学版),2017,17(02):107-119.
③ 刘滢.从七家中国媒体实践看海外社交平台媒体传播效果评估[J].中国记者,2015(07):80-82.

表 4-1　海外社会化媒体传播效果评估体系的基本框架①

一级指标	二级指标	三级指标
1. 内容生成能力	1.1　报道数量	1.1.1　文字稿量 1.1.2　图片稿量 1.1.3　视频稿量
	1.2　报道质量	1.2.1　首发率 1.2.2　原创率 1.2.3　多样性
2. 传播延展能力	2.1　报道吸引力	2.1.1　粉丝量 2.1.2　浏览量 2.1.3　收藏量
	2.2　报道延展性	2.2.1　点赞量 2.2.2　转发量 2.2.3　评论量
3. 议题设置能力	3.1　议题配比合理性	3.1.1　中国新闻、涉华国际新闻、国际新闻数量的占比 3.1.2　政治新闻、经济新闻、文化体育新闻数量的占比
	3.2　媒体议题设置能力	3.2.1　主流媒体转载/转引量 3.2.2　其他媒体转载/转引量 3.2.3　转载/转引同向指数 3.2.4　转载/转引异向指数
	3.3　公众议题设置能力	3.3.1　意见领袖评论/转发量 3.3.2　评论同向指数 3.3.3　评论异向指数

这一海外社会化媒体传播效果评估指标体系的基本框架从能力角度配置了一系列可测性较强的核心指标，比较符合实际且具有实操性，但仍然不是从影响力的角度进行评估。为了突出媒体在全球范围内从事微传播活动所产生的影响力这一研究重点，我们有必要建立一套专门的评估体系，运用一系列针对性更强的指标来进行实际评估。

---

① 刘滢. 新华社海外社会化媒体传播的路径与效果[M]//国际传播蓝皮书. 中国国际传播发展报告(2016). 北京：社会科学文献出版社，2016：114-136.

三、媒体国际微传播影响力评估的基本框架与核心指标

为了从影响力的角度评估媒体的国际微传播活动,我们通过多方调研,咨询新媒体和国际传播领域专家、学者及资深从业者,综合议程网络分析、语义网络分析、社会网络分析、数字民族志、网站分析等研究视角,尝试构建一个包含一系列具体指标,兼具科学性和可操作性的评估体系。评估的一级指标围绕习近平总书记在党的新闻舆论工作座谈会上提出的"四力"(见表4-2)。

传播力:评估媒体国际微传播扩散路径的时、度、效。相应地,包含的二级指标有传播时机、传播力度、传播实效。下辖的三级指标有传播时效、生产频率、播发节奏、内容总量、覆盖范围、信息密度,总节点数、链接密度、链接有效率、网络联结度等。

引导力:评估媒体国际微传播在国际舆论场上的号召能力。包含的二级指标有观点号召力、议题设置力、舆情疏导力。下辖的三级指标有观点显著度、媒体提及量、意见领袖提及量、普通用户提及量,议题认知指数、议题升温指数、议题持续指数,国际舆情指数、正向舆情指数、异向舆情指数等。

影响力:评估媒体国际微传播的吸引力、凝聚力和说服力,这三个方面对应三个二级指标。下辖的三级指标有点击量、浏览量、观看量、网络密度、网络中心度、粉丝量、点赞量、收藏量、联结强度、关键词共现程度、转引量、评论量、线上活动参与量、转引/评论频率、粉丝转化率等。

公信力:评估媒体国际微传播的国际公众信任度。二级指标包括公众态度评价值、公众态度稳定值、公众态度变化值。下辖的

三级指标包括支持量、中立量、反对量、转引同向指数、转引异向指数、评论同向指数、评论异向指数、正向变化指数、反向变化指数等。

表4-2 媒体国际微传播影响力评估的基本框架

一级指标	二级指标	三级指标
1.传播力	1.1 传播时机	1.1.1 传播时效 1.1.2 生产频率 1.1.3 播发节奏
	1.2 传播力度	1.2.1 内容总量 1.2.2 覆盖范围 1.2.3 信息密度
	1.3 传播实效	1.3.1 总节点数 1.3.2 链接密度 1.3.3 链接有效率 1.3.4 网络联结度
2.引导力	2.1 观点号召力	2.1.1 观点显著度 2.1.2 媒体提及量 2.1.3 意见领袖提及量 2.1.4 普通用户提及量
	2.2 议程设置力	2.2.1 议题认知指数 2.2.2 议题升温指数 2.2.3 议题持续指数
	2.3 舆情疏导力	2.3.1 国际舆情指数 2.3.2 正向舆情指数 2.3.3 异向舆情指数
3.影响力	3.1 吸引力	3.1.1 点击量 3.1.2 浏览量 3.1.3 观看量 3.1.4 网络密度 3.1.5 网络中心度
	3.2 凝聚力	3.2.1 粉丝量 3.2.2 点赞量 3.2.3 收藏量 3.2.4 联结强度 3.2.5 关键词共现程度

续表

一级指标	二级指标	三级指标
3. 影响力	3.3 说服力	3.3.1 转引量 3.3.2 评论量 3.3.3 线上活动参与量 3.3.4 转引/评论频率 3.3.5 粉丝转化率
4. 公信力	4.1 公众态度评价值	4.1.1 支持量 4.1.2 中立量 4.1.3 反对量
	4.2 公众态度稳定值	4.2.1 转引同向指数 4.2.2 转引异向指数 4.2.3 评论同向指数 4.2.4 评论异向指数
	4.3 公众态度变化值	4.3.1 正向变化指数 4.3.2 反向变化指数

在具体评估时,可以按照扩散路径对媒体国际微传播的影响力实施四个维度的专题评估。基于影响力评估的结果,可以对媒体国际微传播提出具体优化建议。

第一个维度:评估中国媒体通过自有社会化媒体开展国际传播的影响力。侧重评估主流媒体在社交网络平台策划组织的涉华专题、专栏和重点报道。

第二个维度:评估中国媒体借助国际社交网络平台传播的影响力。侧重评估国际社交网络平台原创的涉华、涉中国媒体相关内容的传播情况。

第三个维度:评估中国媒体经过国内外社会化媒体接力传播的影响力。侧重评估国际媒体对我国社交网络平台传播内容的转引、转发和评论情况。

第四个维度:评估涉华议题经由社交网络平台与传统媒体协同传播的影响力。侧重评估国内外社会化媒体、传统媒体针对涉华内容的互相引用、转发、配合情况。

(原载《国际传播》2018年第4期,作者为刘滢、应宵)

第五章

"讲好中国故事"的战略目标、实现基础和实施路径

2013年8月19日,习近平总书记在全国宣传思想工作会议上指出,要精心做好对外宣传工作,创新对外宣传方式,着力打造融通中外的新概念新范畴新表述,讲好中国故事,传播好中国声音。这就从国家层面指明了对外传播的方向——"融通中外",即进行跨国化的努力。2016年2月19日,习近平同志在党的新闻舆论工作座谈会上再次指出,要加强国际传播能力建设,增强国际话语权,集中讲好中国故事,同时优化战略布局,着力打造具有较强国际影响的外宣旗舰媒体。习总书记的讲话不仅为我国对外传播的国家战略指明了方向,更在相关学科现有理论的基石上开辟了一条创新的道路,使理论和实践工作者能够在更广阔的视野下建构中国的发展战略,畅想中国与世界的未来。

一、讲好中国故事的战略目标

中央领导在多个重要场合都反复强调,对外宣传是一项全局性战略性的工作,要认真学习贯彻习近平总书记系列重要讲话精神,围绕党和国家工作大局,以塑造国家良好形象、维护国家根本利益、传播中华优秀文化、服务党和国家对外战略大局为基本任务,讲好中国故事、传播好中国声音、阐释好中国特色,营造于我有利的国际舆论环境。这些讲话精神对讲好中国故事的战略目标进行了高度概括。

第一,塑造国家良好形象。国家形象与国家利益息息相关。"形象=行为+传播"。中国的发展成就举世瞩目,为世界作出巨大贡献,但当前"现实中国"与"镜像中国"之间存在一定的偏差和反差。究其原因,一方面是一些带有意识形态偏见的外国媒体对中国的报道缺乏应有的客观和全面,有的甚至还故意抹黑和污名化;另一方面是我们自己的对外传播还没有很好地适应中国国家和社会发展的新需要以及海外受众对中国信息的新需求,没有真正地把中国故事讲好,缺乏足够的吸引力和影响力。因此,在现阶段,我们要讲好中国故事,从根本上来说就是要以中国的国家形象塑造为基本诉求点,为国家形象的建构和传播服务,这是首要目标。通过讲述发生在中国的鲜活生动的故事,让世界人民看到一个真实客观的中国,看到一个坚持改革开放、注重全面发展的中国,看到一个虽然日益繁荣强大但始终热爱和平的中国。

第二,维护国家根本利益。在信息社会,谁的传播能力强,谁就更容易掌握国际话语权,也就更容易获得对国际舆论的影响力,从而在国际政治和国际事务中掌握更多的主动权。传播能力的一个重要内涵就是传播的渗透力,而渗透力则主要源自传播的覆盖力、权威性和可信度。我们要从维护国家利益的高度把中国故事讲好,让中国声音传遍天下,让世界更好地了解中国,更好地了解中国对国际事务的立场、观点,更好地了解中国人民对人类社会基本价值观念和处事原则的认识和理解。换一个角度说,讲好中国故事的过程,就是传播真相、澄清事实、消除误解、化解攻击的过程。在这个过程中,中国的声音得到更加广泛的传播,中国的国家利益得到更好的维护。

第三,传播中华优秀文化。基于对人类文明发展进程的深刻理解和对国际形势变化的准确把握,以习近平同志为核心的党中央提出了以文明交流互鉴为特征的中国文明观。而讲好中国故事,正是中华文明与世界其他文明交流互鉴的重要条件。作为东方文明的代表之一,中华文明是世界历史上最为古老且唯一没有中断的文明,绵延五千年的发展使其具有深厚的文化积淀和广泛的传播影响力。对中华文明进行系统而准确的总结描述,对中华优秀文化进行富有感染力和说服力的传播,是讲好中国故事的题中应有之义。要通过讲好中国故事,"把跨越时空、超越国度、富有永恒魅力、具有当代价值的文化精神弘扬起来,让收藏在博物馆里的文物、陈列在广阔大地上的遗产、书写在古籍里的文字都活起来,让中华文明同世界各国人民创造的丰富多彩的文明一道,为人类提供正确的精神指引和强大的精神动力。"①

第四,服务党和国家对外战略。对外传播在国家对外战略中占有重要而特殊的地位。一方面,对外传播本身就是一个国家对外战略的重要组成部分,它通过特有的方式体现一个国家对外战略的整体格局,实施国家对外战略的某些具体任务;另一方面,对外传播又是向国际社会宣示一个国家对外战略的重要载体和手段。在经济全球化和社会信息化趋势愈演愈烈的今天,中国的发展需要一个良好的国际舆论环境。讲好中国故事必须从党和国家工作大局出发,服从并服务于党和国家的对外战略。具体来说,就是要从国家战略传播的层面来规划和设计讲好中国故事的整体格局,把握好讲好中国故事的时、度、效,提高贴近性和系统性,形成协同效应。

---

① 习近平在联合国教科文组织总部的演讲(全文)[EB/OL]. (2014-03-28)[2020-09-02]. http://world.people.com.cn/n/2014/0328/c1002-24761811.html.

第五章 "讲好中国故事"的战略目标、实现基础和实施路径

二、讲好中国故事的实现基础

讲好中国故事是一项系统工程,既需要持续加强硬件建设,不断提升对外传播的硬实力;也需要大力推进软件建设,不断提升对外传播的软实力。也就是说,必须有比较坚实的对外传播硬实力和软实力的支撑,讲好中国故事才能从理想变为现实。"加强国际传播能力建设,精心构建对外话语体系",习近平总书记反复强调的这两句话准确地抓住了对外传播的关键,点明了讲好中国故事的实现基础。

(一)加强国际传播能力建设。加强国际传播能力建设,最重要的是提升四个"实力",即硬实力、软实力、巧实力和分实力

优化结构,提高效能,巩固硬实力。硬实力在国际传播领域主要指国家对外传播的经济投入、技术能力和渠道掌控情况。就媒体而言,是指新闻信息采集、编发、传播、落地所需的基础设施、技术系统和人力资源。主要体现在新闻信息传播链条中能够高效运转的三个网络上,即新闻信息采集网络、新闻信息编发网络、新闻信息终端网络。随着我国国际传播能力建设的逐步深入,在硬实力方面的增长十分显著。以全球新闻信息采集网络为例,截至2016年6月,新华社国内外分社、支社、记者站共有239个[①],与美联社、路透社的全球分支机构在数量上已经达到了同等规模,下一步要提升的是结构、质量、布局和效能。

---

① 资料来源:新华社新闻研究所,2016年6月。

补足短板,集腋成裘,增强软实力。软实力通常是指通过制度、政策、观念、文化等体现出来的无形的影响力。在国际传播领域,主要指传播内容对受众的吸引力和影响力,包括新闻信息的及时性、新闻信息报道的公信力、新闻信息报道的贴近性等。调研发现,我们在这方面存在"短板","中国故事"对外国受众的吸引力还不够强,影响力还不够大,对外传播媒体"走出"了国门,但是还没有真正"走进"国外本土市场,离"入脑赢心"还有相当大的距离。对外传播工作者已经意识到这一点,注意到要加大"本土化"力度,打破文化差异带来的传播桎梏,在表达上尽量避免"官腔和说教",用普通国外受众听得懂、不反感、有温度的语言说话。但是,软实力的建设需要长期不懈的努力,是一个积沙成塔、集腋成裘的过程,还有很长的路要走。

灵活行动,善假于物,运用巧实力。巧实力即巧妙地综合运用硬实力和软实力以加速达到某种目的的能力。在国际传播领域,巧实力就是巧妙运用各种有效的战略和策略以取得更好的传播效果的能力,主要体现在恰当的发展战略和灵活的行动策略。①软实力和巧实力的提升都需要假以时日,是当前讲好中国故事需要改进的重要方面。调研发现,近年来在巧实力提升方面一个比较有代表性的例子是海外社会化媒体建设。长期以来,我国对外报道陷于"上天易,落地难"的困境,即使落地了,也往往被外国媒体删减或曲解,国外受众无法全面、准确、及时地看到我们传播的内容。相反,海外社会化媒体则使报道原汁原味抵达海外受众,传播效果大为提升。以新华社为例,截至 2016 年 6 月,已有 15 个语种的海外社会化媒体账号在 110 个国家上线,日均发稿量逾 200 条,总粉丝量超过 600 万。海外社会化媒体的编辑们从新华社通稿中挑选出最具新闻性、最有趣、最有温度的内容,根据社会化媒体传播特

---

① 唐润华. 外争权利 内增实力——新形势下如何提升国际舆论话语权[J]. 中国记者,2011(07):15-17.

点和海外受众接受习惯进行改写,影响力与日俱增。

精心选择,重点突破,打造分实力。分实力(discriminate power)是美国国防学院教授迈克尔·J. 马扎尔 2014 年提出的一个概念,原意是指美国在发挥领导作用的同时进行自我限制,在全球发挥影响的同时减少在某些地区的存在,在坚决果断的同时善于选择。简言之,这是一种重点突破战略。在国际传播领域,分实力可以概括为有重点、有选择地加强国际传播的硬实力、软实力和巧实力,通过局部突破,实现全面提升。具体而言,就是要对传播内容、传播渠道、传播对象等进行精心选择,将有限的资源优先用于能最有效地影响国际舆论的方面,最大限度地提升国际传播的效率和效果。①

(二) 精心构建对外话语体系。在对外话语体系的构建上,既要分类、分层地开展研究,更要有重点、有的放矢地加强实践

第一,做好中国核心政治话语对外传播的创新。越来越多的政府官员和专家学者意识到,中国政治核心话语如何有效对外传播是一个重大课题。中央宣传部副部长、中央政策研究室副主任王晓晖撰文指出,党的十八大在总结近年来建设社会主义核心价值体系实践的基础上,提出了"三个倡导""24 个字",确立了全国各族人民共同认同的核心价值观的基本范畴。我们要认真做好这些价值范畴的对外传播,讲清楚这些范畴的基本含义,讲清楚我们的价值观与各国价值观的区别和相通之处。②

第二,在全球公共议题的话语权竞争中占据主动。在全球媒

---

① 唐润华,刘滢. 重点突破:中国媒体国际传播的战略选择[J]. 南京社会科学,2011 (12):105-111.
② 王晓晖. 加强国际传播能力建设,精心构建对外话语体系[J]. 马克思主义与现实,2014(04):1-3.

体竞争日趋激烈的今天,谁的国际舆论引导力更强,就意味着谁在国际传播的舞台上占据更重要的位置。特别是全球公共议题的舆论引导力,成为各国竞争的焦点。讲好中国故事,就是要做中国价值的"建构者",不当西方观点的"搬运工"。既要在涉华问题上占据主导地位,也要在全球公共议题的话语权竞争中占据主动。在对国际热点问题发表观点时,坚持"中国立场,世界表达",以合乎全人类的利益为宗旨,代表发展中国家的声音,求同存异,和而不同。

第三,**重视新媒体对外话语体系建设**。以海外社会化媒体为代表的新媒体近年来蓬勃发展,成为新的国际舆论场。讲好中国故事应该重视新媒体对外话语体系的建设,研究用什么样的语言表达方式,能够引起国外网民的关注,符合互联网的传播特点,实现更好的传播效果。在新媒体对外话语体系的建设中,一方面要顺应互联网思维的规律和国外受众的媒体接触习惯,用平视的角度、平和的态度、平等的互动实现有效传播,另一方面要坚持权威性原则,不能为了迎合而放弃底线,降低格调。

三、讲好中国故事的实施路径

讲好中国故事不是一句空话,必须注重实效。在宏观层面,需要加强顶层设计和统筹协调,有效整合各类资源,完善整体布局,形成合力。在操作层面,需要找准突破口和着力点,完善实施方案,改进操作技巧。

(一)以"中国梦"为旗帜,强调中国梦与世界各国人民的梦想的相通性

习近平总书记指出:"实现中华民族伟大复兴的中国梦,就是

第五章 "讲好中国故事"的战略目标、实现基础和实施路径

要实现国家富强、民族振兴、人民幸福。"讲好中国故事归根结底要服务于实现"中国梦"这一根本目的。"中国梦"是一面旗帜,对外传播战略必须以这面旗帜为引领,响应这面旗帜的号召。讲好中国故事,要讲的就是国家富强的故事;传播好中国声音,传播的正是中华民族伟大复兴的声音;阐释好中国特色,阐释的就是有中国特色的社会主义国家的幸福生活。同时,要强调中国梦与世界各国人民的梦想是相通的,从而为我国赢得良好的国际舆论环境。

(二)以提高"道义感召力"、打造"人类命运共同体"为取向,讲述中国与其他国家共同崛起的故事

2014年7月17日召开的金砖国家第六次峰会上,习近平总书记提出"坚定不移提高道义感召力"的方针,号召金砖国家联合起来,主持公道,弘扬正义,放大在国际事务中的"正能量"。寻求共识、提高"道义感召力"也应成为讲好中国故事的努力方向。我们要寻求的不仅是金砖国家之间的共识,而且是包括西方国家在内的全世界各个国家之间的共识。我们要提高的"道义感召力"应该是针对全人类的,"得道多助",我们讲述的是中国与其他国家共同崛起的故事。

习近平总书记在多次重要讲话中反复提到"人类命运共同体"的概念。经过不同场合的多次阐释,"人类命运共同体"已经成为中国对外交往的新名片。北京大学国家战略传播研究院院长程曼丽教授认为,在以往重点研判中国与世界关系的基础上,现在中国领导层以人类命运共同体为出发点,站在全球战略的高度来思考和规划中国的发展,形成了与时俱进的全球化思维格局。[①]

---

① 程曼丽.以中国的全球战略思维重新审视海外华文传媒[J].对外传播,2015(10):4-6.

（三）以"国际视角"为主要特色，摒弃传统单向灌输思维，找准中国在世界中的位置

讲好中国故事绝不是自说自话，而是面向国外受众和国外媒体，因此需要以国际视角为主要特色。首先，要了解国外受众的关切，讲国外受众感兴趣的故事。其次，要用国际化的表达方式，摒弃传统的单向灌输思维。再次，要把讲好中国故事与讲好世界故事结合起来，找准中国在世界中的位置。

中国故事不是孤立、割裂的，而是与世界上其他国家发生的故事紧密关联的，是整体中的一个部分。中国新闻也不再是传统意义上的国内新闻，而是日益成为国际新闻的重要组成部分。以讲"一带一路"故事为例，要少强调中国——"丝绸之路"的概念就是德国人提出来的；少强调张骞、郑和，要强调古丝绸之路是各国共同打通、维护的，"一带一路"的魅力就在于激发了文明古国的往日辉煌，共商、共建、共享21世纪丝绸之路，达到共同发展、共襄盛举的目标。①

（四）以"全球一体化传播"为依托，发挥国内、国际两个舆论场的联动效应

在互联网时代，对内传播和对外传播再也无法用国土的疆界来清晰划分，传统的"内外有别""外外有别"的外宣理念应该被更具互联网思维的"内外一体"的全球传播理念所取代。在传播实践中，一些在国内传播广泛的中国新闻往往会受到国际媒体的关注，在国际舆论场引发"涟漪效应"。一个典型的案例是2014年上半年新华社对"月球车玉兔"的报道，其影响力不仅限于国内媒体，还

---

① 王义桅. 讲好中国故事要实现"三超越"——以如何讲好"一带一路"故事为例[J]. 对外传播，2015(09)：24.

引发了国际主流媒体的关注。此次"玉兔报道"充分体现了内外传播的联动效应,如果把玉兔报道的扩散过程比作一次"影响力涟漪",那么,社会化媒体就是"玉兔涟漪"的核心,国内传统媒体是涟漪的"内环",国际主流媒体则是涟漪的"外环",逐级的扩散过程使玉兔报道的影响力不断增强。可见,讲好中国故事应以全球一体化传播为发展方向,不能把范围局限于外国受众和外国媒体,反之,应重视国内传播的基础性作用,打通国内外,发挥国内、国际两个舆论场的联动效应。

(原载《中国记者》2016年第8期)

第六章

"全球新闻"：新媒体国际传播的着力点与未来走向

近年来，世界范围内各种类型新媒体的蓬勃发展为国际传播形式的多样化和效果的改进提供了契机。从传播平台上看，以社交网络为代表的平台型媒体使对外传播的成本大为降低，直接抵达外国受众并获得反馈，极大地提高了落地率，缩短了传播周期。从内容产品上看，融合报道的井喷使对外传播从文字、图片"两翼齐飞"的传统媒体时代一跃进入微视频、动画、虚拟现实（VR）、增强现实（AR）轮番登场的新媒体时代，吸引力显著增强。

早在2011年，笔者就曾撰文指出，新媒体是国际传播的重要突破口之一[①]，近几年我们的确看到了新媒体国际传播的迅猛发展。从新产品的悄然推出，到融合编辑部的高调组建，我们见证了新华社、《人民日报》、中央电视台等中国主流对外传播机构向新型国际传播媒体的转变。如今，这种转变仍然在如火如荼地进行中。然而，形式上的变化是否会带来质的飞跃？中国的国际形象是否

---

① 唐润华，刘滢. 重点突破：中国媒体国际传播的战略选择[J]. 南京社会科学，2011(12)：105-111.

会随着新媒体对外传播的兴盛而"水涨船高"?

没有人能给出肯定的答案。我们发现,目前的新媒体国际传播仍然存在着一些或明显、或潜藏的问题,及时解决这些问题,找准着力点,才能切实改进我国的对外传播效果和国家形象,借新媒体的东风跻身世界舆论场的中心地带。而其中最为重要的,则是在"人类命运共同体"理念的感召下,从提供优质内容的角度出发,跳出传统对外报道的局限,打造为世界各国人民福祉贡献力量的"全球新闻"。

一、突破新媒体国际传播的瓶颈

无可否认,新媒体国际传播取得了一些传统对外报道不可企及的效果。中国媒体在 Twitter、Facebook、YouTube 等海外社交网络上开设账号并积极运营维护,中国新闻微视频的制作与传播,多语种新闻客户端的推广等都是很好的案例。尽管如此,仍然有如下一些瓶颈制约着实践的深入。

(一)新媒体产品吸引的短暂注意力无法持续

运用新媒体手段开展国际传播,外国受众的注意力往往转瞬即逝,不能持续转化为影响力,这是一线对外传播从业者最大的困惑之一。诚然,新闻本来就具有"易碎"的特点,但是,持续提供优质新闻的媒体往往会赢得受众的"高忠诚度"。目前来看,我国对外传播媒体尚未达到这一目标。究其原因,主要有以下几点:第一,运用音乐、动画、图表等多媒体元素组合而成的新媒体对外报道形式上的趣味性大于内容上的感染力,对外国受众的吸引停留在眼球上,尚未"入脑赢心"。第二,技术语言的过度运用有时会削弱核心信息的传达,外国受众可能记住了关键词,但是没有理解传播者真正要表达的意思。第三,形态类似、主题不同的新媒体产品多次推出,往往产生审美疲劳,追新求变的外国受众兴趣点会发生转移。排除新闻"易碎性"这一客观原因,以上三点主观原因是制约新媒体对外传播产品下一步发展的最大桎梏。

(二)外国受众对中国报道的关注度很难转化为好评率

随着综合国力的增强和国际地位的提升,中国已经成为世界上的"高关注度国家"之一。外国受众从不了解、不关注中国到开始主动寻找中国相关信息,中国本身越来越成为一个新闻关键词。这种国际大环境其实创造了一个对外传播机遇期,源源不断地为外国受众提供中国新闻应该是对外传播的应有之义。但是,新媒体对外传播提供的内容往往比较有限,很多时候为了形式的需要,牺牲了信息的完整性和解读的充分性,外国受众循着关键词点开了微视频,关注了我们媒体的账号,下载了我们的 APP,可是,并没有找到足够多的生动、鲜活、引起共鸣的报道。所以,从事新媒体对外报道的编辑记者们常常说:粉丝数多、评论量大并不等于好评率高,也有可能存在大量"僵尸粉"①和负面评论。

(三)传统对外报道与新媒体传播衔接不畅

为了新媒体报道的需要,对外传播媒体先后成立了新媒体采编部或融合新闻编辑部,这些新组建的部门往往以年轻记者、编辑为主,而长期从事对外报道、积累了丰富经验的资深新闻工作者还

---

① 所谓"僵尸粉",即不活跃的用户账号,也有一些是机器控制的账号。为了增加社会化媒体账号的粉丝量,有一些组织机构或个人不惜花钱购买"僵尸粉"。

在原有的传统对外报道部门当"螺丝钉"。年轻人的优点是有创意,有互联网思维,能够适应新媒体的快节奏,但是,弊端也是显而易见的,即缺乏新闻采编阅历和跨文化传播经验。这常常会导致两种后果:一方面,新媒体对外传播流于浅表,深度分析不足,对外国受众的接受习惯考虑不周,甚至出现常识性错误;另一方面,优质的传统对外报道被淹没,没有经由新媒体途径得到广泛传播。

二、找准新媒体国际传播的着力点

为了突破以上瓶颈,新媒体国际传播必须找准着力点,把内容放在优先建设的位置,使形式为内容服务。

(一)恢复内容的"灵魂"本位,实现新媒体国际传播的"形神统一"

一个值得肯定的趋势是,现在一些媒体已经意识到新媒体对外传播要重归"内容为王"。2016年6月,新华社社长蔡名照独家采访俄罗斯总统普京,在海外社交网络平台播出后,浏览量超过1500万次,充分彰显了新闻内容和议题设置的重要性。新华社国际新闻编辑部主任严文斌撰文认为,此次新媒体报道运用了"精准预热—集束发布—折返传播"的成熟流程。[1] 可见,主流媒体的新媒体对外报道已经从初期的重视运营维护、新媒体语言和形态,朝着更重视新闻内容的方向发展。在新媒体对外传播产品的策划阶段就明确所要传达的内容要旨,并对采用何种话语体系和跨文化

---

[1] 严文斌,赵宇.论新华社社长蔡名照专访普京的传播创新与实践价值[J].中国记者,2016(09):10-12.

的思维方式表达进行精心的策划和设计,从而使传播内容与外国受众的需求真正接轨,实现新媒体产品"形"与"神"的有机统一。

(二)善于挖掘和利用传统优质内容,实现新老媒体的有效对接

还有一些新媒体报道正在朝主题细分的方向迈进。比如为了报道2016年的G20杭州峰会,人民日报全媒体平台"中央厨房"专门在海外社会化媒体开设了G20中国账号(G20 China),面向海外传播中国声音。这一账号的采编团队来自人民日报社下属的国际部、人民网、《环球时报》、技术公司等多个部门,紧紧围绕G20峰会进行24小时不间断的专题报道。从9月1日至6日,共推送约300条推文,由于内容的重要性,多条推文被西班牙、巴西、墨西哥、塞内加尔等国领导人账号转推。① G20中国账号的设立在某种程度上是一种传统对外报道内容向新媒体平台输送的有益尝试,国际部、《环球时报》等传统部门将优质内容转化成适合社交网络传播的形式,在技术公司的保障下实现有效对外传播,新老媒体通过内容的再挖掘、二次利用,找到了一种取长补短的对接方式。

(三)进一步细分外国受众,根据内容有针对性地选择传播渠道

新媒体的涵盖范围很广,既有传统媒体的新形态,也有一出生就是数字形态的新兴媒体机构。这两部分"新媒体"的受众既有重合,也有明显的区分,前者聚集了更多的中老年读者,后者则更多

---

① 人民网-人民日报新闻研究网."人民系"揭秘G20报道新玩法界[EB/OL].(2016-09-21)[2020-06-22]. http://media.people.com.cn/n1/2016/0921/c404465-28730724.html.

第六章 "全球新闻"：新媒体国际传播的着力点与未来走向

地面向"千禧一代"的年轻读者。此外，不同的新媒体传播渠道对内容的适应性也不尽相同，比如，社交网络更适合短新闻和微视频，新闻网站便于展示信息图表，台式电脑上可以阅读更多的文字、观看更长时间的节目，手机端则需要更大的字体和更直接的感官冲击。对外传播应进一步细分外国受众，根据传播内容的不同，有区别、有针对性地选择渠道和平台。在巴西奥运会期间，央视推出《全景里约》虚拟现实（VR）系列报道，包括《里约漫游奇境》《勇闯贫民区》《极限挑战——三角翼飞越里约城》三集，为了在不同平台传播的需要，专门制作了电视屏幕版和新媒体互动版。[①] 类似的做法正是细分受众和渠道的尝试，已经获得了一些初步的经验。

三、打造多媒体融合的"全球新闻"

那么，什么样的内容应该成为新媒体对外传播的重点？近年来，习近平总书记多次在不同场合提及"人类命运共同体"的理念，这一概念已经成为中国对外交往的新名片。在这一理念的指导下，新媒体在全球范围内的传播活动应跨越对外传播、国际传播的藩篱，建立人类的终极关怀意识，未来对外传播内容建设的努力方向应是旨在推动跨文化沟通与全球治理的、多媒体融合的"全球新闻"。

---

① 央视新闻. 记者带你 VR 感受"里约一日漫游奇境"［EB/OL］.（2016-08-01）［2020-06-23］. http：//www.toutiao.com/i6313731468539462146/.

（一）什么是"全球新闻"？

"全球新闻"是这样一种新闻：它旨在促进全球范围内的信息自由沟通与交流，传播主体是多元的，传播对象可能是全球范围内的任何一个人，传播的议题是全人类的共同话题，体现的是人文关怀。

随着全球传播进入跨国化阶段，有学者指出，应该用"全球新闻"替代"对外新闻"和"国际新闻"，一方面聚焦关乎全人类命运的共同议题，另一方面扭转国家利益所引起的新闻报道倾向。戴佳、史安斌认为，国际新闻的主体一般是指代表民族国家利益的新闻媒体，但是，全球新闻的主体除此之外，还应该包括以公共利益等其他形式利益诉求为出发点的机构或个人。从传播目的来看，维护国家利益，塑造民族国家的国际形象是国际传播的根本目的；促进全球范围内信息的自由沟通与交流则是全球新闻的宗旨。[1]

新媒体对外传播的内容重点也应该是这样的全球新闻，只有这样的全球新闻才能够使新媒体形式与手段吸引来的外国受众注意力得到持久的延续和增强，才不至于成为新闻史上的"昙花一现"。

（二）如何打造"全球新闻"？

在新媒体语境下，传统的"对外新闻"或"国际新闻"应该被更具想象力和生命力的"全球新闻"所取代，从而更好地体现"人类命运共同体"所倡导的理念。具体而言，就是要超越"吾牤关系"的对

---

[1] 戴佳，史安斌."国际新闻"与"全球新闻"概念之辨——兼论国际新闻传播人才培养模式创新[J].清华大学学报：哲学社会科学版，2014(01)：42-52.

立冲突思维方式,建立人类的终极关怀意识;跨越国土的疆界,把整个世界作为新闻传播活动的发生地;在"全球新闻"的生产中,推动全球沟通与治理。

1. 超越"吾牠关系"的对立冲突框架

在全球新闻的理念下,最迫切的是摆脱"吾牠关系"的对立冲突框架,建立一种"吾汝关系"的平等对话思维方式。① 在新闻实践中跳出传统的"对外传播"和"国际传播"的藩篱,打破国与国之间的疆界,把整个世界作为传播活动的发生地统筹安排新闻生产,重建新闻话语体系,重新评估传播效果。

在对外传播或国际传播的概念范畴下,民族—国家是考虑的第一要义,在报道发生在其他国家的新闻事件(即所谓的"国际新闻")时,往往从本国政府、民众的角度去考量,从特定的角度、立场去解读,以迎合本国民众的认知框架。即使这样的国际新闻,也只是全球各地每天发生的大量新闻的"冰山一角",对世界的分析、判断不仅在范围上是有限的,而且在内容上是碎片化的。大量的媒体只报道本国、本地区发生的新闻,有些新闻永远不会在其他国家媒体上出现。如此一来,当地区新闻突发成全球性事件时,新闻业往往准备不足,既缺少报道材料的积累,也无法令大众真正理解究竟发生了什么,新闻的第一落点、第一阐释点常常被错过。这提示我们,对外报道不仅要"讲好中国故事",也要"讲好世界故事"。

2. 用全球化的眼光考量本土经验

超越"吾牠关系"的对立冲突报道框架,就是要用普遍联系的视角做国际新闻报道,用全球化的眼光考量本土经验。

---

① 史安斌,钱晶晶.从"客观新闻学"到"对话新闻学"——试论西方新闻理论演进的哲学与实践基础[J].国际新闻界,2011(12):67-71.

一方面，密切关注全球各个角落正在发生的新闻，探寻新闻事件与整个世界和全人类的关系，从信息沟通和增加全球知识的出发点进行新闻报道。首先，通过派驻专业记者和发展当地公民记者相结合的方式，进一步扩大国际新闻的采集范围，增强共同体意识和国际合作精神。其次，避免旁观、猎奇的国际新闻报道心态，在报道中增加同理心和同情心，寻找共鸣和共振。再次，把新闻的落地范围真正扩大至世界各个国家和地区，使来自中国的新闻既能"上天"，也能"落地"。海外社会化媒体为我国主流媒体新闻的落地和直达国外受众提供了一个很好的平台，应继续加大投入力度，吸引更多的海外粉丝。

另一方面，把本土经验置于全球的视角下进行考量，发掘本地新闻对世界的影响和意义。如今，越来越多的国际媒体在报道国际新闻时，关注的焦点是事件对其他国家乃至全世界产生的影响是什么。我们应对国内、国际传播的一体化趋势保持高度敏感，在报道中国新闻时，要注意到中国的政治、经济、文化与世界的联系和互动。在实践中探索通过社会化媒体传播将中国故事更好地传播到全世界的新方法、新策略。主动打通国内外新媒体平台，通过多级放大效应，使中国声音传播得更远。将国际新媒体平台上有价值、有温度、有影响力的中国新闻重新整合，有选择地面向国内受众传播，实现传播的良性循环。

简言之，新闻业不应通过碎片化、只见"冰山一角"的国际新闻或对外报道为不同的国家"贴标签"，更不应局限于狭隘的民族国家视角，而应致力于报道基于全球受众信息交流需要的"全球新闻"，帮助来自不同国家的人们建立真正的对话，形成跨文化的全球知识，从而更好地理解我们共同生存的这个世界。

3. 推动全球沟通与治理

媒体和传播技术的发展越来越允许我们把世界作为一个整体

第六章 "全球新闻"：新媒体国际传播的着力点与未来走向

来理解,在这样一种"全球转向"的趋势下,在全球传播活动中我们应建立人类终极关怀意识,即"人类命运共同体"意识。无论是从国家对外交往的角度还是从媒体的全球新闻传播角度,均应把关乎人类共同命运的议题放在优先传播的位置,在实践中通过全球新闻的生产共同抵御全球风险。

在国家层面,随时保持本国与全球的互动,融会本国观点与全球视野,继续把"人类命运共同体"作为对外交往的名片,在全球范围内传播同呼吸、共命运的共同体意识。首先,淡化不同国家价值观和发展阶段的差异,强调全球各个国家面临着"共同风险",必须联合起来,共同抵御,每个国家、每位"世界公民"都有不可推卸的责任。其次,与"第三世界"国家一道争取发达国家的理解与支持,为"共同利益"鼓与呼。再次,与周边国家"共同发展",在推行"一带一路""亚投行"等战略时多强调其对当地经济的带动作用,以及对世界经济发展的促进作用。

在媒体层面,新闻实践不仅应被看作"全球转向"的一个组成部分,同时新闻业本身也应对"全球转向"作出回应。全球媒体的发展是全球公民和全球社区形成的前提。媒体帮助人们看到全球风险和威胁,从而产生一种全球意识和全球责任,使人们把自己视为全球公民,而非仅仅是一个民族国家的公民。从报道主体上看,应避免"精英主义"和"新闻专业主义"的桎梏,广泛吸纳来自全球"公民记者"的自制内容,利用众包机制提升报道能力和传播效果。从报道议题上看,必须区分从世界各地报道的新闻与把世界作为一个整体来报道之间的区别。应从服务于特定民族国家向促进全球沟通转变,把全球性新闻议题作为报道的首要议题,加大全球新闻在所有新闻报道中的比重,体现对人类命运的关切和世界发展的关注。从新闻话语上看,要考虑不同国家和地区人们的理解和文化接受习惯,多采用并创造"融通中外"的新表达,打造新的、世界性的新闻话语体系。从传播效果上看,应把对新闻在世界范围内可持续传播能力(即"延展性")的评估作为重点指标,纳入效果评估体系,从而评估媒体的传播活动是否有助于"全球新闻"的实践,是否有益于全球的沟通与治理。

(原载《青年记者》2016年第28期,原题为《新媒体对外传播的着力点与未来走向》)

中篇

国际媒体全媒体传播的趋势与路径

第七章

"互动新闻":国外全媒体报道的新实践

"互动新闻"是数字媒体时代的一种新兴新闻报道形态,也是近年来国际媒体努力探索的新方向。其中,最著名的当数《纽约时报》2012年推出的、获得普利策奖的《雪崩》(*Snow Fall*)。此后,越来越多的媒体加大了"互动新闻"报道的投入力度,形态上推陈出新,互动性不断提高,形式与内容开始摆脱"貌合神离"的初期状态,逐渐进入"水乳交融"阶段。

2016年,这方面的案例不断涌现,仅"互动新闻"网站(www.theinteractivenews.org)就汇集了45条之多。报道内容既包括难民危机、美国总统大选、气候变化、里约奥运会等热点新闻,也包括《熊眼看黄石》(*A Bear's-Eye View of Yellowstone*)这样的趣新闻。这些新闻作品的制作者大多来自《纽约时报》、《华盛顿邮报》、《华尔街日报》、《经济学人》杂志、美国《国家地理》杂志等传统媒体。可见,国外传统媒体的数字化报道尝试取得了新的进展。

一、什么是"互动新闻"

"互动新闻"的出现可以追溯至 2008 年美国大选报道。在选举日当天,《纽约时报》推出了一个名为《词语队列》(*Word Train*)①的报道,它兼具互动性和参与性,既简洁又有趣。读者只需输入或选择一个最能表达自己心情的词语,就可以获知有多少人和自己心情一样,同时看到其他人都是什么样的心情。读者还可以选择为谁投票,这样就能看到和自己做出同样选择的选民都是什么样的心情。读者输入的表示心情的词语会出现在"词语队列"中,词语越受欢迎,字号就越大,在屏幕上保留的时间越长,移动得越缓慢。反之,不那么受欢迎的词语字号比较小,移动得很快,迅速降至屏幕下方。这一标新立异的新闻形态立刻受到了业界和研究者的关注,被认为是媒体产品由传递信息向提供协作平台、由静态传播向互动体验转型的一个典范。

"互动地图"是互动新闻的常见形式。围绕着地图这一载体,国外媒体做了大量创新尝试。经典的案例包括笔者 2009 年在《媒介融合:海外媒体在做什么》一文中介绍过的美联社的"经济压力互动地图"和《华盛顿邮报》的"时空"(TimeSpace)互动新闻地图。② 前者用于判断美国不同地区的经济衰退和复苏情况,和"经济压力指数"一起作为一项经济分析工具为客户提供服务;后者整合了来自多家不同媒体的新闻,用户可以自行搜索、查阅任何一个国家和地区的新闻,并且使用时间轴了解新闻事件的发展过程。

---

① Dance G. All Aboard the Word Train[EB/OL]. (2008-11-07)[2017-01-10]. https://thecaucus.blogs.nytimes.com/2008/11/07/all-aboard-the-word-train/?_r=1.
② 刘滢. 媒介融合:海外媒体在做什么[J]. 新闻与写作,2009(07):22-24.

那么,怎么定义这一新的报道形态?"互动新闻"网站给出了这样一个标准:首先,报道的多媒体元素应该起到强化文本叙事的作用,为内容服务;其次,通过互动、数据可视化、地图、图表或其他视觉元素,读者对新闻的理解得到增强;第三,整体设计、写作和风格应该在传递信息、鼓励参与和审美之间寻求平衡。[①] 除此之外,"互动新闻"网站对新闻作品的选择不限于国际主流媒体,还包括一些小型媒体机构。从该网站2016年选取的互动新闻作品来看,这些标准在相当程度上得到了体现。下面结合案例,具体剖析"互动新闻"的发展趋势。

二、国外"互动新闻"的最新进展及启示

2016年的"互动新闻"作品呈现出一些与以往不同的新特点,多媒体元素的有效配置使全媒体产品逐渐摆脱文字、图片、视频、音频简单叠加的初始状态,开始成为有机的整体,共同服务于一个宗旨——增进读者对新闻的理解。形式上的互动不再是追逐的主要目标,选题的重要性凸显,互动新闻愈来愈朝着深度报道的方向发展,专业性和权威性不断提升。本章选择《华盛顿邮报》《华尔街日报》和美国《国家地理》杂志的互动新闻作品进行简要分析。

(一)《华盛顿邮报》的国界墙报道

"互动新闻"网站2016年的45条作品中,有17条来自《华盛顿邮报》。其中,最突出的代表是2016年10月推出的国界墙多媒

---

① The Interactive News[EB/OL]. [2017-01-12]. http://www.theinteractivenews.org/about/.

体报道《增加障碍：新筑墙时代》(Raising Barriers: A New Age of Walls)。① 这一作品的采访素材来自三个大洲的八个国家,使用文字、视频和音频等多媒体手段呈现了国与国、人与人之间的分裂状态(见图7-1)。

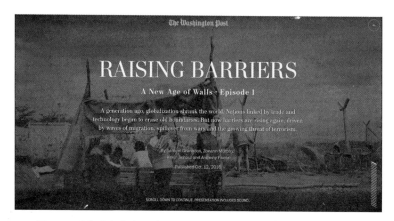

图7-1 《华盛顿邮报》的互动新闻作品《增加障碍：新筑墙时代》

这一报道由三部分组成：第一部分名为"增加障碍",指出一个事实——如今世界上的疆界设障现象比现代历史上的任何一个阶段都更多,高高竖起的国界墙标志着人们提高了对全球化的警惕；第二部分名为"隔开",详细分析了欧洲设置栅栏系统以解决难民危机的案例,讨论了一个重要问题——"墙够多了吗"；第三部分是沿着美国与墨西哥疆界的一次旅行,通过实地考察告诉人们筑好疆界墙需要付出多少代价,可能产生的影响是什么。这三个部分是相对独立的,读者可以自主选择阅读和观看路径。每一部分展开的过程中,又分别设计了点击按钮,读者可以决定往下看或者看上一段。

该新闻作品由四位作者组成的团队完成,包括文字记者、图表编辑和视频记者。其中,1994年加入《华盛顿邮报》的资深记者安

---

① The Washington Post. Raising Barriers: A New Age of Walls[EB/OL]. (2016-10-12) [2017-01-11]. https://www.washingtonpost.com/graphics/world/border-barriers/global-illegal-immigration-prevention/.

第七章 "互动新闻":国外全媒体报道的新实践

东尼·费奥拉(Anthony Faiola)是该报驻柏林分支机构的负责人,曾任该报驻东京、布宜诺斯艾利斯、纽约和伦敦分支机构负责人,为该报发回来自各个大洲的报道。在华盛顿记者总部,他负责报道全球经济和美国财务危机。另外三名作者分别是负责图表的副总监塞缪尔·格拉纳多斯(Samuel Granados)、图表编辑凯文·肖尔(Kevin Schaul)和视频记者佐伊·墨菲(Zoeann Murphy)[1]。

可以明显看出,该作品是以文本为中心的,多媒体元素的加入强化了文本叙事。随着报道的推进,疆界地图、采访视频和场景画面在适宜的位置出现,使叙事更生动、更完整、更立体且细节丰富。特别是亲人们隔着钢丝墙触摸、亲吻彼此手指的画面,配合采访对象的声音和字幕,十分感人。整部作品采用黑白画面,酷似纪录片,既有历史感,也让人感受到话题的沉重。背景声音的选取和设计恰到好处,比如风声、水声、鸟鸣声、汽车发动机声和歌声等,观众如身临其境。

启示:

资深驻外记者往往可以驾驭比较重要的跨国选题,由资深记者领衔一个报道团队,安排叙事节奏、资源配置和整体风格设计,可以使整个全媒体新闻作品兼具厚重感和全局性,并且在叙事和审美之间找到一种平衡。相反,年轻记者团队的作品常常流于浅表,技术人员主导的作品难免过于重视外在形式。可见,团队人员构成的合理性是互动新闻作品成败的一个关键。此外,这一作品的优秀之处还在于抓住了一个在国际上广受关注的热点选题,而且进行了多角度的深度挖掘和全媒体的精彩呈现。

---

[1] Eck A. The Washington Post crosses a storytelling frontier with "A New Age of Walls" [EB/OL]. (2016-12-20)[2017-01-10]. http://niemanstoryboard.org/stories/the-washington-post-crosses-a-storytelling-frontier-with-a-new-age-of-walls/.

(二)《华尔街日报》的社交网络政治观点呈现报道

《华尔街日报》2016年11月推出的互动报道《"蓝"帖子,"红"帖子》(Blue Feed, Red Feed)①是另一种风格。这一作品借助计算机辅助手段,逐条呈现了左派(自由派)和右派(保守派)在社交网站Facebook上的对立观点,可选择的话题包括特朗普、希拉里、奥巴马、枪支、流产、ISIS、总统大选辩论等(见图7-2)。

图7-2 《华尔街日报》的互动新闻作品《"蓝"帖子,"红"帖子》

这一互动新闻作品基于一项大型的Facebook研究,即Facebook的科学家们2015年发表在《科学》(Science)杂志上的一篇论文《复制数据:暴露于Facebook上的意识形态多样的新闻和

---

① Wall Street Journal. Blue Feed, Red Feed[EB/OL]. (2016-12-20)[2017-01-14]. http://www.theinteractivenews.org/blue-feed-red-feed/.

意见》。Facebook 网站用了六个月的时间追踪并分析 101 万匿名用户分享的内容,这些用户在个人简介中标明了政治立场。通过分析这些用户的政治标签,研究者把他们分为"非常自由"(very liberal)、"自由"(liberal)、"中立"(neutral)、"保守"(conservative)或"非常保守"(very conservative)五大类别。研究者们还选出了该研究追踪的前 500 个内容来源账号。

呈现在这一新闻作品中的帖文至少要有 100 个以上的分享,并且该账号要有 10 万以上的粉丝。帖文是自动生成的,而不是由编辑人工筛选的。《华尔街日报》在该作品中表示,人们很少能够看到两派观点针锋相对地呈现,这一工具帮助人们了解针对当前热点话题的保守派和自由派观点讨论近况,避免人们"被关进"社会化媒体制造的"回声室",只接触跟自己观点类似的朋友或媒体的信息。这是他们制作这一互动新闻作品的初衷。

启示:

为人们呈现一个真实的世界是新闻工作者追求的目标,《华尔街日报》的这一互动新闻作品正是这一目标驱动下的成果。社会化媒体在为人们提供便利的同时蒙蔽了我们的双眼,制造了观点趋同的"信息茧房",这一作品所做的正是"破茧"工作,通过计算机信息技术实现针锋相对观点的并列展示,从而试图达到"兼听则明"的效果。创作者没有刻意制造很多"互动"环节,但是"互动"就蕴藏在选择之中。

(三)美国《国家地理》杂志的自然与动物报道

美国《国家地理》杂志的互动新闻作品《熊眼看黄石》[①]开启了

---

① National Geographic Magazine. A Bear's-Eye View of Yellowstone[EB/OL].(2016-05)[2017-01-13]. http://www.nationalgeographic.com/magazine/2016/05/yellowstone-national-parks-bears-video/.

自然与动物报道的新篇章(见图 7-3)。这一特殊的作品由黄石公园的专家设计,他们想深入了解熊的饮食习惯、气候对饮食变化的影响和栖息地利用情况。专家们在两头灰熊和两头黑熊的跟踪项圈上安装了特殊的摄像机,从而使观众能够观察熊在几乎没有人类干预的情况下如何行动,如何在饥饿中寻找食物,并且,在"熊导游"的引领下了解神秘的自然界。

图 7-3　美国《国家地理》杂志的互动新闻作品《熊眼看黄石》

在这一互动新闻作品中,熊项圈摄像机拍摄的画面是默片,每段大概 20 秒左右。虽然视频没有声音,但是观众可以点击音频按钮,聆听资深熊生物学家或生物技术员的解说。贯穿整个作品的是黄石公园的地形图,随时显示熊走过的路线。观众还可以从四头熊中选择一头,了解它的一天生活,如何洗澡,吃什么"点心"等。值得注意的是,这些视频拍摄时间分散,既有 2014 年拍摄的,也有 2015 年拍摄的。可见,美国《国家地理》杂志善于利用已有的视频素材，挖掘它的价值，创造出新的全媒体产品。

启示：

与某一领域的专业人员合作，挖掘专业研究内容的大众传播价值是一个值得探索的新方向。美国《国家地理》杂志的这一互动作品和《华尔街日报》的社会化媒体政治观点呈现报道都证明了这一点。互动新闻的目标受众是对某一话题真正感兴趣的人，他们会把整部作品认真、完整地看完，甚至反复回看，而这些人渴望的是更专业、更新鲜的内容。邀请熊生物学家担任解说员也是个不错的创意，专家们的旁白比记者更具有权威性和吸引力，这也是该作品的一个亮点。当然，最大的亮点是四个"熊导游"，原生态的动物和自然环境是人们最想看到的，动物的视角比纪录片更胜一筹。

（原载《青年记者》2017年第4期）

第八章

人工智能时代新闻业的行动与思考

技术是新闻业前进的不竭动力,人工智能的开发和利用更使我们获得了前所未有的内容生成能力和交互体验效果。2017年4月24日,新华社派出特约记者"智能机器人"佳佳采访美国《连线》杂志创始主编凯文·凯利(Kevin Kelly)。一时间,人工智能成为中国新闻界的热议话题。与此同时,大洋彼岸的美国新闻界也正在思考同样的问题。同年4月初,美联社结合自身应用人工智能技术的相关经验,总结发布了一份新闻编辑部在人工智能时代的工作指南,对未来人工智能如何高效辅助编辑部工作提出思考。值得注意的是,这份工作指南本身也是由工作人员和人工智能系统合作完成的。

"强大的技术需要责任心。"凯利在《技术元素》一书中曾经写道,"这些机器人是我们的孩子",而养育孩子是为了"不可避免的放手"。机器人总有一天要脱离人类的控制,因为科技自身具有"固有的失控"和"令人惊喜的能力"。[1] 那么,如何确保我们"放手"的时候机器人从事的是有益于人类社会的事业呢?具体到新

---

[1] 凯利. 技术元素[M]. 张行舟,余倩,等译. 北京:电子工业出版社,2012:271.

闻行业,如何让参与到新闻采编工作各个环节中来的"智能机器人"成为一名有责任心的好记者?这里面有两个层面的含义:一是专业技能,二是职业素养。目前新闻业的行动集中在第一个层面,也就是利用智能机器人的"智商"提升新闻生产力,未来更重要的可能是第二个层面,也就是机器人的"情商",即责任心和使命感,它将成为决定新闻业未来的关键因素。

本章先从人工智能的概念及其在新闻业的应用谈起,通过管窥美国新闻业运用人工智能的最新趋势,探索性地提出这一未来新闻业的核心议题。

一、"人工智能"概念的兴起及其内涵

"人工智能"(Artificial Intelligence, AI)这一概念的提出最早可以追溯至1956年美国达特茅斯学院(Dartmouth College)的一次研讨会。在这次名为"人工智能夏季研讨会"的会议上,时任达特茅斯学院数学系助理教授约翰·麦卡锡(John McCarthy)第一次明确提出了"人工智能"的概念,但是也有一些学者认为应该更强调"复杂信息处理"而非"人工"。到了1965年,哲学家休伯特·德雷福斯(Hubert Dreyfus)发表了题为《炼金术与人工智能》的文章,这一概念开始被广泛认可。[1]

作为一门涉及计算机、数学、认知学、心理学、生物科学、信息科学等多学科的综合型技术学科,人工智能在各个领域获得了发展和应用。60多年来,不同学科领域的研究者们发展了众多理论,其概念也随之扩展。其中,比较有代表性的是美国麻省理工学院

---

[1] 搜狐网.达特茅斯会议:人工智能的缘起[EB/OL].(2016-03-13)[2017-05-21]. http://mt.sohu.com/20160313/n440257893.shtml.

教授帕特里克·亨利·温斯顿(Patrick Henry Winston)对人工智能的定义,即:那些使知觉、推理和行为成为可能的计算的研究。[①] 此后,斯图尔特·罗素(Stuart J. Russell)和彼得·诺维格(Peter Norvig)将不同领域学者对人工智能的定义归纳为两个中心("人"与"理性")和四个途径:第一,像人一样思考的系统;第二,像人一样行动的系统;第三,理性地思考的系统;第四,理智地行动的系统。[②]

2016年被称为"人工智能元年",这标志着我们已经进入了这一研究领域的"收获期",各种应用层出不穷,包括博弈、定理证明、指纹与人脸识别、智能搜索、自动程序设计等。2017年5月,美国国家地理频道推出六集迷你剧《一百万年》(Year Million),介绍了目前世界上最先进的、日本研发的人形机器人艾瑞卡(Erica),对人工智能的关注又一次被推向高潮。

二、新闻生产进入"智能化"时代

与其他行业类似,新闻业也结合实际需要,将机器人写作、个性化新闻推荐、临场体验等人工智能技术,运用在新闻选题决策、信息采集、内容生产、渠道传播等方面,新闻生产进入"智能化"时代。下面以美联社、《华盛顿邮报》、CNN、Buzzfeed等媒体为例,分析人工智能在新闻生产各个环节的渗透。

[①] Winston P H. Artificial intelligence[M]. 3rd edition. Reading, MA: Addison-Wesley. 1992.
[②] Russell S, Norvig P. Artificial Intelligence: A Modern Approach[J]. The Knowledge Engineering Review, 1996, 11(1): 78-79.

第八章 人工智能时代新闻业的行动与思考

（一）监测舆情和突发新闻，追踪报道采用情况

社交网络使舆论生态变得错综复杂，如何判断舆情热点？哪些选题是最受关注的？怎样能够使报道取得更好的传播效果？这些问题一直困扰着新闻工作者。美联社使用人工智能技术领域创业公司 NewsWhip 提供的社交网络分类监测系统辅助报道决策，这一系统通过数据监测帮助新闻机构发现最新的大众关注趋势，在机器学习、预测能力、受众分析等方面都有不错表现。

目前，NewsWhip 公司监测的社交网站包括 Facebook，Twitter，Instagram，Reddit，LinkedIn 和 Pinterest，数据监测频率为每两分钟一次，数据内容涵盖 100 个国家 30 种语言。由于从 2014 年 1 月就开始从事新闻报道监测，目前 NewsWhip 已经建立了一个庞大的社交网络数据库。据了解，通过算法分析，该公司能够预测 79% 的主要热点新闻，告知用户哪些内容在全球受众中传播最广泛，效果最好的是哪些报道，从而使编辑部能够更有效地做出报道选题决策。

该公司主打的三个产品是：ANALYTICS、SPIKE 和 API。其中，ANALYTICS 可以提供任何时间范围内表现最佳的新闻机构、作者或者内容的排行榜，也可以通过较长时间段的观测，分析网站如何增强参与度；SPIKE 可以预测哪些报道将在社交网络上流行并迅速传播，也能够追踪过去 30 分钟或者一个月内任何社交网络上的热门内容；API 则允许用户利用该公司积累的原始社交网络数据。[①]

根据美联社全球新闻经理马克·戴维斯（Mark Davies）的介绍，美联社是这样使用 NewsWhip 的服务的：首先，使用 SPIKE 追踪世界范围内发生的新闻并迅速做出反应；其次，与该公司合作开

---

① NewsWhip. About NewsWhip [EB/OL]. (2016-12-20) [2017-05-21]. https：//www.newswhip.com/about-us/#

发一个可以追踪美联社新闻采用情况的工具——"辛迪加"（Syndication），分析这些新闻如何增强了美联社会员和客户的社交参与度。美联社在全球100多个国家有260个分支机构或驻点，这些地方的记者和编辑都接受了使用SPIKE的培训，他们可以通过这一工具监测自己所在地区以及所使用语言范围内的突发新闻。①

（二）从质和量两个维度提升新闻生产效率

机器人写作是人工智能在新闻业的典型应用。该应用基于计算机的程序算法，对所提供的信息内容进行抓取和分析，然后由内置模板自动生成稿件，能够迅速完成新闻报道。② 机器人写作对于涉及大量数据的新闻报道而言具有极大优势，被媒体广泛运用于财经、体育、灾难性报道中，不仅使错误率大大降低，并且带来了新闻内容生产方式和生产速度的改变。

早在2014年，美联社就开始和提供自动化写作服务的公司Automated Insights合作，让机器人WordSmith读取财报，然后按照编辑预先提供的架构，自动生成偏向于数据分析的财经新闻。这样一来，为用户提供的财报数量能达到之前的12倍（一季度能达到3700多篇）。WordSmith为记者节省了20%的工作时间，他们可以从单调、重复的工作当中解放出来，更加聚焦于复杂、深入的选题操作。③

《华盛顿邮报》至今已开发拥有了近100个智能机器人，其中最早名声大噪的是Heliograf。它可以根据实时数据源自动生成故

---

① NewsWhip. Guest Post: How the Associated Press Uses NewsWhip to Find and Track the News[EB/OL]. (2016-04-19)[2017-05-21]. https://www.newswhip.com/2016/04/guest-post-associated-press-use-newswhip/.
② 徐婷婷. 新闻业的"人工智能"时代[J]. 科技传播, 2016, 8(15): 82-83.
③ A guide for newsrooms in the age of smart machines[EB/OL]. [2017-05-15]. https://insights.ap.org/uploads/images/the-future-of-augmented-journalism_ap_report.pdf.

事,也能利用软件搜索海量信息帮助记者挖掘独家新闻点,还可以为读者提供个人定制故事。《华盛顿邮报》在奥运会和美国总统大选期间都运用了这个机器人。在里约奥运会中,Heliograf 从体育数据公司获取奥运会的最新信息,并自动编辑成短消息作为即时新闻发布;在大选日,它记录了每个单独投票结果,自动生成邮件和 Twitter 帖文,从而帮助记者更好地报道新闻。

除此之外,《华盛顿邮报》还开发了很多人工智能机器人来完成一些简单任务。例如,他们开发了"马蒂机器人"(Marty Bot)专门提醒记者截稿日期;"感觉机器人"(Feels Bot)来记录总统大选日前一个月用户对大选的感受;"甲骨文先知"(Virality Oracle)来预测发表后的文章是否会像病毒一样火爆传播开;等等。①

(三) 提升交互性体验,与用户亲切对话

目前 Facebook Messenger、WhatsApp、Snapchat、iMessage 等社交通信应用程序正在蓬勃发展,其中,Facebook Messenger 的用户达到了 12 亿人。② 社交应用平台强劲的发展势头和巨大的市场潜力吸引美国新闻媒体利用这些平台增强自身的存在感,也使得媒体更加看重培养与用户的私人关系,掀起"新闻机器人化"(the botification of news)的潮流。

2016 年 4 月,Facebook Messenger 宣布 Chatbot 上线,帮助媒体

---

① These are the bots powering Jeff Bezo's Washington Post efforts to build a modern digital newspaper[EB/OL]. (2017-04)[2017-05-15]. http://www.niemanlab.org/2017/04/these-are-the-bots-powering-jeff-bezos-washington-post-efforts-to-build-a-modern-digital-newspaper/.
② This is how The New York Times is using bots to create more one-to-one experiences with readers [EB/OL]. (2017-04)[2017-05-15]. http://www.niemanlab.org/2017/04/this-is-how-the-new-york-times-is-using-bots-to-create-more-one-to-one-experiences-with-readers/.

将内容和对话机制有效结合,入驻的媒体均获得了开发机器人的权利,可与 Facebook Messenger 12 亿用户直接沟通。

  CNN 是 Facebook Messenger 聊天机器人的首批体验者之一。CNN 推出了专注个性分发的聊天机器人,每天向用户推送头条新闻。在每日推送的下方,有三个选项:Read Story, Get Summary 和 Ask CNN。依次点击三个选项,用户可以阅读故事内容或者了解故事梗概,还可以向 CNN 聊天机器人提问。

  《纽约时报》以政治记者尼克·密瑟(Nick Confessore)为原型,在 Facebook Messenger 开发了一个基于记者自身个性和魅力的智能机器人 NYT Politics Bot,用他的声音来为读者播报每日总统大选选情,加强与读者交流的亲近性,创造与读者一对一交流互动的体验。

  美国新闻聚合网站 Buzzfeed 也在 Facebook Messenger 平台推出了聊天机器人 BuzzBot,作为记者团队的补充去参与报道美国共和党全国代表大会。与其他公司做的机器人不同的是,BuzzBot 不提供类似新闻推荐、在线订餐的服务,而是通过与用户互动沟通,向与会代表、抗议者以及现场的任何人收集新闻素材,帮助 Buzzfeed 新闻网站制作报道内容。

  用户可以直接向 BuzzBot 发送照片或其他信息,BuzzBot 偶尔也会向用户提出问题,或者要求用户提交与自己体验相关的细节。根据前往会议举办地克利夫兰的目的之不同,BuzzBot 询问的问题也有所差异。例如,如果你居住在克利夫兰,BuzzBot 就希望向你了解这次大会对你的日常生活产生的影响。①

---

① 《华盛顿邮报》和 Buzzfeed 将用机器人报道共和党代表大会[EB/OL].(2016-07-19)[2017-05-15]. http://news.cnfol.com/it/20160719/23101423.shtml.

三、从"被动适应"到"主动布局"

高科技公司所开发的人工智能技术对新闻业的影响远远超过经济层面,已经影响到新闻业本身的核心要素:新闻产品和服务。美国媒体正越来越依赖高科技公司最新的人工智能发明和广阔平台,将其应用到新闻业务领域的运作中去。继续被动适应技术的变化趋势,还是主动谋篇布局,用更长远的眼光来看待人工智能的发展?新闻业正在一边行动一边思考。

(一)亦步亦趋地追随新科技公司步伐

美国社交网站 Facebook 在 2014 年 6 月宣布调整新闻推送算法,优先推送本地视频。这不仅改变了 Facebook 内部的推送规则,也给美国新闻业带来直接影响。

小艾迪臣·C.坦多克(Edson C. Tandoc Jr.)和朱利安·玛特拉(Julian Maitra)两位学者分析了美国媒体的 232 个 Facebook 账号页面,统计了新闻机构每个月上传本地视频的数量后发现,Facebook 宣布调整算法后上传的视频数量比宣布之前有明显上升,在 Facebook 正式发布声明的日子里,本地视频数量上升速度最快。这项研究还发现,随着新闻业通过增加本地视频数量向 Facebook 的推送算法进行调整,不同类型的新闻机构调整程度不同。广电媒体的调整最为明显,上传的本地视频数量增加最多,而平面媒体则调整缓慢。

Facebook 获得了新闻媒体的受众和网络广告的巨大份额,它的每一次算法规则改变,都会给进驻 Facebook 平台的众多新闻媒体的内容和用户规模带来改变。由于不想在 Facebook 上"隐形"①,不想失去受众,这些新闻媒体只能按照 Facebook 制定的算法规则来调整自身。

(二)主动驾驭新技术,与"智能机器人"分工合作

根据人工智能发展趋势,美联社记者畅想了十年后记者们的工作情景:无人驾驶汽车监测到空气质量异常变化,记者使用无人机载着空气检测仪去新建工厂区确认并拍摄现场照片,同时收到监测社交网络的电脑提醒要提高对空气质量和哮喘儿童的话题关注度,记者戴上 VR 设备通过无人机采访工厂附近的民众,运用人工智能助手查找公共记录,调查工厂审批过程中各相关人员之间的家庭树关系,电话采访时利用声音分析技术来检测此人话语的真实性,等等。② 运用人工智能技术后,记者在短短几小时内就能完成一篇深度调查报道。

很多美国媒体相信人工智能的技术革新会给新闻业带来光明的发展前景。《华盛顿邮报》认为人工智能这一产业未来前景很光明,"未来就在这里"③。《纽约时报》认为,不断革新的技术会让新闻编辑室应接不暇,VR 技术、智能机器人等等都有前景,"对于势

---

① Bucher T. Want to be on the top? Algorithmic power and the threat of invisibility on Facebook[J]. New Media & Society,2012,14(7):1164-1180.
② A day in the life of a journalist in 2027:Reporting meets AI[EB/OL]. (2017-04-11) [2017-05-15]. https://www.cjr.org/innovations/artificial-intelligence-journalism.php.
③ These are the bots powering Jeff Bezo's Washington Post efforts to build a modern digital newspaper[EB/OL]. (2017-04)[2017-05-15]. http://www.niemanlab.org/2017/04/these-are-the-bots-powering-jeff-bezos-washington-post-efforts-to-build-a-modern-digital-newspaper/.

不可挡的科技革新,我们现在需要考虑的应是自身如何适应"①。

看到光明前景的同时,我们也要冷静看待人工智能给新闻业带来的挑战。对于媒体从业人员来说,有很多人担心人工智能会让媒体人大量失业。其实大部分工作会因人工智能技术发生转变,但并非消失。人工智能带给新闻业的并不是媒体人大量失业,而是给予编辑记者们更大的自由空间以及更加个性化的工作体验。未来是人类和"智能机器人"分工合作的全新时代,我们要尽早看清这样的发展形势,提高自身的竞争力,增强自己的不可替代性。

对于媒体机构而言,尽管人工智能前景很美好,但由于新闻媒体对人工智能时代认识不足、评估风险收益率有难度以及媒体与平台之间关系的不对称等原因,新闻媒体未来也可能会过度依赖高科技公司的平台发展。② 当今的媒体环境正在从独立新闻媒体机构控制传播渠道,向越来越依赖于电子平台的方向发展。人工智能的风口已经到来,为了新闻业的可持续发展,即使资源再丰富、实力再强大的媒体都要积极适应时代的变化,努力驾驭人工智能技术。

(三)提升机器人的职业素养,培养人工智能时代的"好记者"

另一个更重要的问题是:如何让"智能机器人"成为好记者?这里的"好"分两方面:一是具备记者的专业技能,这一点是毋庸

---

① Mixed reality, computer vision, and brain – machine interfaces: Here's the future The New York Times' reborn R&D lab sees[EB/OL]. (2017-05)[2017-05-15]. http://www. niemanlab. org/2017/05/mixed-reality-computer-vision-and-brain-machine-interfaces-heres-the-future-the-new-york-times-reborn-rd-lab-sees/.
② Kleis Nielsen R, Ganter S A. Dealing With Digital Intermediaries: A Case Study of the Relations Between Publishers and Platforms[J]. New media & society, 2018, 20(04): 1600-1617.

置疑的,机器人的专业技能未来甚至可能超越人类记者;二是具备高水准的职业素养和道德修养,这一点才是新闻业的精髓,是"无冕之王"和"船头瞭望者"称号的真正意义。如果这一点做不到,那么机器人的"聪明才智"很可能适得其反,而一旦在错误的道路上越走越远,后果是不可想象的。

尽管智能机器人在处理大量数据时错误率远低于人类,但是,作为人制造的产品,智能机器人像人类一样会犯错,而那很可能是根本性的错误,是阻碍人类进步甚至危害人类社会的错误。凯利在《失控》一书中感叹:"人工智能的失败在于,开发出了效用,却牺牲了控制论。"① 高度智能化的机器人记者的未来除了与人类记者、编辑分工协作外,必然包括独立的新闻生产,甚至掌握媒体渠道,独立发布、传播内容。为了不至于在将来某一天"失控"时措手不及,也许我们现在就应该着手提升机器人的新闻职业素养,努力把它们培养成为人工智能时代"智商"与"情商"两翼齐飞的"好记者"。

(原载《青年记者》2017 年第 16 期,原题为《如何让"智能机器人"成为好记者——人工智能时代新闻业的行动与思考》,作者为刘滢、陈明霞)

---

① 凯利. 失控[M]. 东西文库,译. 北京:新星出版社,2012:671.

第九章

国际媒体人工智能应用的技术路径与未来走向

如果说2017年人们还在担心"机进人退",人工智能摧毁新闻业,导致记者失业,新闻伦理遭遇挑战,那么,如今我们看到的则是国际媒体紧紧握住了智能机器人的魔幻之手,创新不再局限于自动化编辑和舆情监测,人工智能的应用逐渐由局部试验扩大至全产业链,从实验室蔓延到编辑部乃至采访一线。国际媒体在数字化转型中仿佛装上了"机器之心",不再畏惧用户和员工的双重迁徙,正在涅槃重生。

随着新技术的迅速普及,"人工智能"愈来愈成为国际传媒业竞争的"常规武器"。未来今日研究院(Future Today Institute)发布的《2018年新闻传媒业技术趋势报告》介绍了75个新闻从业者应该关注的技术趋势,其中将人工智能描述为"记者的入门必备"。[①]这意味着,每一位新闻从业者都需要知晓人工智能技术,并随时准

---

① Future Today Institution. 2018 Tech Trends for Journalism and Media[R/OL]. (2017-10-20)[2018-02-03]. https://futuretodayinstitute.com/2018-tech-trends-for-journalism-and-media/.pdf.

备与机器人共事。事实上,国际媒体已经在新闻生产和传播的多个环节加入这项技术,并且积极筹划着未来的应用方向。

一、技术路径:从内容推介到数据分析

2018年1月,牛津大学路透研究院发布了题为《2018年的新闻、媒体与技术趋势和前瞻》的研究报告,"人工智能"是其中的一个重点。对184位媒体领袖的调查发现,人工智能在新闻业主要应用在优化内容推荐(59%)、工作流程自动化(39%)、商业优化(39%)和智能代理(35%)四个方面。[①]

(一)优化内容推荐

自然语言生成(natural language generation)领域出现的巨大进步,使得人工智能可以自动生成大量文本。算法新闻的出现,让更多人通过算法而不是编辑来接收新闻信息。路透研究院2017年的数字新闻研究报告显示,54%的人倾向于算法为他们选择新闻报道,64%的年轻人倾向于算法新闻,58%的智能手机用户倾向于算法新闻,年轻人更加适应算法选择的新闻报道。[②]然而,算法对用户的曲意迎合造成了"信息茧房"的窘境,越来越同质化的新闻和信

---

① Reuters Institute for the Study of Journalism. Journalism, Media and Technology Trends and Predictions 2018[R/OL]. (2018-01-10)[2018-02-08]. http://reutersinstitute. politics. ox. ac. uk/risj-review/risj-director-research-joins-european-commission-high-level-group-disinformation. pdf.
② Newman N, Fletcher R, Kalogeropoulos A, el al. Reuters Institute Digital News Report 2017[R/OL]. (2017)[2020-02-08]. https://reutersinstitute. politics. ox. ac. uk/sites/default/files/Digital%20News%20Report%202017%20web_0. pdf.

息使人感到单调、乏味,人们发现真正需要的是更为丰富的高质量内容。

人工智能针对算法的革命就在于对现有推荐体系的不断优化,一方面考虑普遍相关性,另一方面照顾个体差异,使用户有机会接触到更多可能感兴趣的优质内容。比如,英国《泰晤士报》和《星期日泰晤士报》正在开发一个名为"詹姆斯"(James)的全新推荐系统。它将针对用户个人偏好进行学习,并根据格式、时间和频率自动对每个版本进行个性化设置,并且这些算法将在人类工程师编程后由计算机自身反复优化产出结果。瑞士《新泽西报》也在尝试类似的做法,不仅根据用户经常点击的内容进行推荐,更重要的是坚持新闻标准。①对算法的改进是当前人工智能应用于新闻业的主要技术路径。

(二) 工作流程自动化

生产效率的大幅提高是人工智能带给新闻业的最大福音,其中,最直接的体现是工作流程自动化。目前的通行做法是:记者写一个报道模板,然后由计算机自动版本化,为不同媒体创建多个定制版本。例如《今日美国》报的体育部门与 Wibbitz 公司开展合作,采用"文本转换视频"技术,短短几秒钟就可以根据记者写的文字稿自动制作出短视频。②

在新闻真实性方面,利用人工智能进行实时事实核查是人工智能的重要应用之一。2016 年底,谷歌在新闻服务中添加了"事实

---

① Newman N, Fletcher R, Kalogeropoulos A, el al. Reuters Institute Digital News Report 2017[R/OL]. (2017)[2020-02-08]. https://reutersinstitute.politics.ox.ac.uk/sites/default/files/Digital%20News%20Report%202017%20web_0.pdf.

② Hansen M, Roca-Sales M, Keegan J M et al. Artificial Intelligence: Practice and Implications for Journalism [R/OL]. (2017-09-14) [2020-02-08]. https://academiccommons.columbia.edu/doi/10.7916/D8X92PRD.

核查"标签,新闻报道与事实核查的入口并列,社交网络上不准确、虚假的信息将被排查出来。新闻媒体在引用数据时,人工智能会自动触发事实核查流程,为新闻信息的真实性把关。一个新的概念——"新闻业区块链"(Blockchain For Journalism)应运而生。区块链是一个交易数据库,由大家共享,可以用来编码和核实内容,有望发展成为交换可信新闻、筛出假新闻的网络系统。①

在改进评论方面,机器学习模型可以为评论可能产生的影响打分,预判传播效果。《纽约时报》与技术孵化器 Jigsaw 公司合作,推出了帮助过滤评论的新工具。目前该报聘用 14 位管理员每天处理约 12 000 条评论,未来该工具将自动区分有害评论和健康评论,该报有望开放 80% 的文章下方的评论区,目前仅开放了 20%。②这就大大提高了工作效率,节省了时间,使新闻从业者有更多的精力开展新闻策划和深度报道。

(三)商业优化

媒体经营方面的人工智能应用主要包含两方面:一是广告准确投放,二是动态价格变动。《纽约时报》研发的机器人 Blossomblot 可以对社交平台上的文章进行大数据分析,推测什么类型的内容更具热度,从 300 篇文章中挑选出适宜分享、具有延展性、容易成为热点的文章,辅助编辑挑选合适的素材,生成标题、摘要、配图等。该报内部统计发现,经过 Blossomblot 筛选后的文章点

---

① Future Today Institution. 2018 Tech Trends for Journalism and Media[R/OL]. (2017-10-20)[2018-02-03]. https://futuretodayinstitute.com/2018-tech-trends-for-journalism-and-media/.pdf.

② 同上。

第九章　国际媒体人工智能应用的技术路径与未来走向

击量是普通文章的 38 倍。①对于广告主而言,这无疑是个好消息,这样他们就不必为如何选择广告位犹豫不决了。

此外,付费墙与人工智能的结合能够帮助媒体识别潜在订户,甚至可以根据他们之前的行为设计说服策略,比如提供什么样的信息内容,使用的语言表述方式等。同时,人工智能可以感知并追踪用户的情绪变化,根据用户的喜好程度来调整单篇文章的价格,使价格曲线符合用户的接受习惯和心理,并且动态变化,有助于内容的有效销售。

(四) 智能代理

这一技术路径的主要功能是帮助记者发现新闻。英国《卫报》的编辑室分析神器 Ophan 自 2013 年开发以来每年都在升级,功能日趋完善,现在已经可以担任数字舆情分析助理的工作,大大减轻记者在前期进行数据整理和提取信息的压力。《卫报》的软件架构主管格雷厄姆·泰克利(Graham Tackley)谈到自己编写的分析工具 Ophan 时表示,《卫报》已经使用了一些长期数据分析工具,比如 Omniture,而 Ophan 进行的是实时分析和追踪。②类似地,美联社也使用人工智能工具 SPIKE 追踪世界范围内发生的新闻并迅速做出反应;《华盛顿邮报》的智能机器人 Heliograf 可以利用软件搜索海量信息帮助记者挖掘独家新闻点。③

---

① 万可. 美英新闻媒体人工智能应用实践及启示[J]. 中国传媒科技, 2017(07): 19-20.
② VentureBeat. Ophan: Inside the Guardian's data-driven newsroom[EB/OL]. (2015-07-03) [2018-02-05]. https://venturebeat.com/2015/07/03/ophan-inside-the-guardians-data-driven-newsroom/
③ 刘滢, 陈明霞. 如何让"智能机器人"成为好记者——人工智能时代新闻业的行动与思考[J]. 青年记者, 2017(16): 85-87.

二、未来走向：本地化、个性化、交互性

以上四大技术路径反映了当前国际传媒业应用人工智能的现状，不难看出，这些路径围绕的是新闻生产和传播的流程，致力于提高工作效率和优化现有传播模式。然而，未来人工智能给新闻业带来的变化远远不止于此，它将满足人类的深层次需求，助力高质量新闻的稳定生产，推动传媒产业的升级换代。国际媒体正在积极探索，其中三个发展趋势清晰可辨：

（一）本地化

贴近性是新闻价值的关键要素之一，过去这通常需要记者深入基层采访才能实现。人工智能放飞了我们的想象力，让"吸引人的本地报道"源源不断地自动生成。谷歌 2017 年 7 月投资了英国报业协会和 Urbs 媒体公司，用以支持利用人工智能开发自动化新闻编写软件。在第三轮融资中，英国报业协会和 Urbs 从谷歌"数字新闻创新基金"获得 70.6 万欧元。谷歌的这个项目被称为"记者、数据与机器人"，利用一个人工智能和人类协作的新闻网站每天生产上百条"吸引人的本地报道"。这个项目计划从 2018 年开始，人工智能每个月都会通过本地化分销网络生产多达三万条报道。已创建报道的所有组成内容都将由人工智能自动完成，包括屏幕上的文字和伴随的图形、图像。尽管工作流程智能自动化带来了编写海量报道的能力，人的作用依然不可忽视。美联社主编彼得·克里夫顿（Peter Clifton）说："在这个过程中，写作技能熟练的人类记者仍然是至关重要的。这个项目使我们能够利用人工智能

来扩大当地的报道数量,而这些报道是不可能手动提供的。"①

(二) 个性化

内容推荐优化的一个未来趋势是根据用户特点进行个性化设计,人工智能可以让个性化定制新闻的潜力得以挖掘。通过对用户行为的监测,人工智能工具能够帮助新闻编辑室了解读者喜欢和不喜欢的内容,最终有助于为读者提供个性化服务,从而提升读者的参与度。2017年9月底,《纽约时报》公布了在此前几个月里进行的一系列小实验,目的是依据各种各样的信息如用户行为、地点或时间等来定制新闻。《纽约时报》尝试根据读者所在的位置进行首页的个性化分发,或根据特定的地理位置来决定读者阅读的内容,或者依据用户访问网站的最后时间对主页进行调整,希望能够在传统的报纸阅读体验和网络个性化信息的模式之间找到平衡。②

(三) 交互性

媒介融合与人工智能的结合将焕发出别样光彩,使新闻的呈现方式更为生动和有趣。随着视频新闻和语音交互的快速发展,以对话工具为主要代表的交互性新闻工具将成为主流。Facebook Messenger 的"聊天机器人"(Chatbot)平台目前已经有三万多个聊

---

① Investigating Engineering. Google-Backed AI Journalist Can Produce 30,000 News Per Month[EB/OL]. (2017-08-04) [2018-02-06]. https://interestingengineering.com/google-backed-ai-journalist-produce-30000-news-per-month.

② Nieman Lab. All the news that's fit for you: The New York Times is experimenting with personalization to find new ways to expose readers to stories[EB/OL]. (2017-09-28) [2018-02-05]. http://www.niemanlab.org/2017/09/all-the-news-thats-fit-for-you-the-new-york-times-is-experimenting-with-personalization-to-find-new-ways-to-expose-readers-to-stories/.

天机器人频道,这些类似于"谈话"的频道涉及新闻、体育、天气等多种内容,BBC、CNN、《华盛顿邮报》、《卫报》等媒体均已入驻。2017年11月,Facebook Messenger又推出了"客户聊天"(Customer Chat)插件,允许企业在自己的网站上通过Facebook Messenger与客户进行对话。①与此同时,一些新闻机构开始试验"限时提供"对话类新闻产品。BuzzFeed在美国共和党代表大会期间上线了一个临时聊天机器人,《纽约时报》在奥运会期间推出了一个短期聊天服务。根据未来今日研究院的预测,类似的产品还会不断涌现,如临时播客等,它们专为某项重大活动或事件而策划诞生。②这些产品能很好地吸引受众,提升媒体收入,由于它们是应用于一个特定活动的,因此在收集数据、精准投放广告等方面都会有出色表现。

三、启示:发掘应用与警惕"失控"

国际媒体应用人工智能的技术路径和未来走向对我国传媒业的借鉴价值表现在以下几个方面。

首先,人工智能将贯穿全媒体生产链的各个环节。从线索搜集、素材采集到内容生成,从分发传播、评论核查到舆情反馈,所有环节都有人工智能的身影。人工智能还为新闻生产增加了版本转换、传播样态变换、交互对话等环节,丰富了新闻生产的内容与形式。

其次,所有新闻从业者均应学习和了解人工智能技术,跨学

---

① 新浪网. Facebook Messenger新业务:企业Customer Chat服务[EB/OL]. (2017-12-01)[2018-02-05]. http://tech.sina.com.cn/i/2017-12-01/doc-ifyphkhk9332436.shtml.

② Future Today Institution. 2018 Tech Trends for Journalism and Media[R/OL]. (2017-10-20)[2018-02-03]. http://futuretodayinstitute.com/2018-tech-trends-for-journalism-and-media/.pdf.

科、跨专业的启蒙将成为媒体人的必修课。未来,机器人"私人助理"将帮助记者管理日记、组织会议和回复电子邮件。为了更好地应用人工智能辅助新闻报道,驾驭机器人而不是被取代,新闻从业者有必要厉兵秣马,积极备战。

再次,从满足人的需求角度发掘人工智能的应用方向。无论是本地化、个性化还是交互性,满足的都是人的各种需求,包括归属感、自我实现、关爱等。人工智能在新闻领域未来的发展趋势必将是更好地满足人的需求,特别是与信息获取相伴而生的需求。

最后,警惕未来智能机器人独立从事新闻生产,掌控媒体渠道后可能出现的"失控"现象。如果机器人仅有高效率和自动化,却缺乏责任心、善意和使命感,那么,一旦犯错就可能造成难以挽回的后果。在多大程度上与机器人分工协作?如何"教育"机器人,让机器"学习"什么?什么时候"放手"让机器人独立?这些是人类记者需要思考的根本性问题。

(原载《中国记者》2018年第3期,作者为刘滢、苏慧文)

第十章

国际社会化媒体发展新趋势

2018年是国际社会化媒体行业动荡前行的一年。一方面,各个社交应用在全球范围内继续扩展空间,人们对社会化媒体的使用热情有增无减,限时分享的信息流模式在年轻用户中引爆一轮新的流行,与以往不同的社会化媒体互动方式呼之欲出。另一方面,以Facebook为代表的整个行业面临着严重的信任危机,"假新闻"的余震尚未平息,用户信息泄露事件屡屡发生,人们不再把社会化媒体视为可信赖的新闻来源,人工智能的过度使用更加剧了这种怀疑。在纷繁复杂的行业变化中,我们尝试拨开迷雾,结合来自多家研究机构的调查数据,从用户规模与分布、使用习惯与偏好、新闻传播与可信度、分享模式与互动方式四个维度回顾2018年国际社会化媒体的发展现状,并展望未来的变化趋势。

一、用户规模不断扩大,但全球分布不均

如果把2004年Facebook的诞生作为社会化媒体的元年,那么,迄今为止社会化媒体已经走过了近十五年的发展历程。2018

年,全球社会化媒体用户数量仍保持较高的增速,世界范围内用户分布不均,且集中于少数几个平台上,英语用户占一半以上。

(一) 渗透率北美最高

来自国际社会化媒体管理平台 Hootsuite 的数据显示,2018 年全球社会化媒体活跃用户数为 31.96 亿,比上年增长 13%。从社会化媒体"渗透率"(即社会化媒体活跃用户数占总人口数的比例)来看,全球范围内是 42%,略低于互联网的渗透率(53%)。其中,在北美地区的渗透率最高,为 70%;其次为北欧、东亚和南美,分别为 66%、64% 和 63%;最低的是中非和东非,分别为 6% 和 7%。按国家来比较,社会化媒体渗透率最高的是卡塔尔和阿联酋,均为 99%;其次是科威特,98%;最低的是朝鲜(0.06%)、土库曼斯坦(1%)、厄立特里亚(1%)、南苏丹(1%)等国。从年度增长率来看,沙特阿拉伯 2018 年的社会化媒体用户数量比上一年增长 32%,为全球最高;其次是印度,增长率为 31%;最低的是中国台湾地区和荷兰,跟 2017 年相比没有变化。[①] 可见,尽管社会化媒体用户数量高速增长,但是,在全球的发展情况并不均衡,不同国家和地区之间的社会化媒体数字鸿沟仍然十分巨大。这一方面有政策因素的影响,另一方面受制于当地的经济发展水平,特别是互联网的普及程度。在广大非洲地区,社会化媒体的用户数量仍然有较大的增长空间,将成为未来各家平台争夺的焦点。

(二) 用户集中于少数几个平台

尽管全球社会化媒体种类繁多,但是,从用户对平台的选择上

[①] Kemp S. Digital in 2018: World's Internet Users Pass the 4 Billion Mark[J]. We are social,2018,30.

来看,仍然过于集中,约 2/3 的社会化媒体用户聚集在"领头羊"Facebook 平台上(见图 10-1),其次是 YouTube、WhatsAPP 和 Messenger,分别为 19 亿、15 亿和 13 亿。中国的微信(WeChat)和 Instagram 用户数相当,均为 10 亿左右。QQ、QQ 空间(Qzone)、抖音(Douyin)和微博(Weibo)的用户规模也比较可观,数量在 4 亿至 8 亿左右。Twitter 用户数量不及微博,仅有 3.36 亿。受年轻用户喜爱的 Snapchat 用户规模为 2.55 亿,名列第 16 位。日本的 Line 和俄罗斯的 VK 由于定位在个别国家和地区,用户数量有限,排在相对靠后的位置。

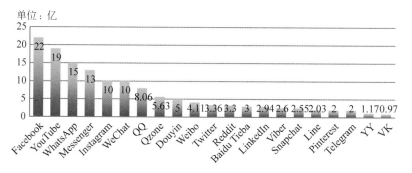

图 10-1　2018 年全球主要社会化媒体平台活跃用户量①

(数据来源:visualcapitalist 网站)

(三)Facebook 在困境中稳步扩张

2018 年最受关注的社会化媒体平台当然是用户最多的 Facebook。尽管这一年 Facebook 丑闻不断,接连遭遇了被曝将用户数据泄露给英国剑桥分析公司并影响 2016 年美国总统选举,被指责在缅甸罗兴亚种族灭绝事件中充当传播仇恨的工具,被黑

---

① Routley N. Visualizing the Social Media Universe:2018[EB/OL].(2018)[2019-01-15]. https://www.visualcapitalist.com/social-media-universe/.

客窃取用户账号口令,被揭露高管干预俄罗斯选举,承认有漏洞导致680万用户照片泄露等困境,但是,这一平台在社会化媒体领域的地位仍然首屈一指,由于用户众多,遍及全球,短期内很难被取代。来自跨国统计数据公司 Statista 的报告显示,截至2018年第三季度,Facebook 的月活跃用户数达到 22.71 亿。过去十年来,Facebook 用户数一直持续稳定增长,其中,在 2012 年第三季度突破 10 亿,奠定了其在国际社会化媒体领域首屈一指的地位。[1]

2018 年 12 月 19 日,美国华盛顿哥伦比亚特区总检察长卡尔·拉辛(Karl Racine)正式起诉 Facebook 在剑桥分析公司事件中违反哥伦比亚特区的消费者保护法。据了解,这一事件始于2014年,Facebook 允许第三方个性测试应用程序在该平台非法收集并出售了涉及约 8700 万 Facebook 用户的数据。目前美国至少有六个州正在对 Facebook 进行调查,联邦贸易委员会也宣布对其是否违反 2011 年签订的协议展开调查。此前,英国数据保护机构也曾因剑桥分析公司事件对 Facebook 开出 50 万英镑的罚单。[2] 作为一家正值"青春期"的公司,Facebook 迅速壮大了,但是,显然它还没有准备好从容应对成长过程中的各种诱惑和挑战。未来,期待它能在跌跌撞撞中步入正轨,在确保用户隐私安全、审核平台内容、保护文化多样性等方面承担更多的社会责任。

---

[1] Number of Monthly Active Facebook Users Worldwide as of 3rd Quarter 2018 (in millions) [EB/OL]. (2018) [2019-01-15]. https://www.statista.com/statistics/264810/number-of-monthly-active-facebook-users-worldwide/.

[2] Romm T, Fung B, Davis A C & Timberg C. "It's about time": Facebook Faces First Lawsuit from U.S. Regulators After Cambridge Analytica scandal [R/OL]. (2018-12-19) [2019-01-15] https://www.washingtonpost.com/technology/2018/12/19/dc-attorney-general-sues-facebook-over-alleged-privacy-violations-cambridge-analytica-scandal/?utm_term=.e67a2b687ef9.

(四) 英语用户占半壁江山

由于创立于美国的社会化媒体在全球的用户数量最多,相应地,英语也成为国际社会化媒体平台的主要使用语言。使用英语的用户数量占据了半壁江山,其他语言影响力相对较弱。从 Facebook 用户的使用语言来看,英语占一半以上(50.9%),其次是西班牙语(13.9%)、印地语(6.9%)、印尼语(6.9%)、葡萄牙语(6.9%)、阿拉伯语(6.5%)和法语(5.1%),其他语种所占的比例均低于3%。①当然,在不同的社会化媒体上,语种所占比例大相径庭,比如 Line 平台主要使用日语,VK 平台主要使用俄语,微信、QQ、QQ 空间、抖音和微博等平台主要使用汉语等。未来,随着非英语国家社会化媒体行业的进一步繁荣,以及更多不同国家用户使用国际社会化媒体平台,各个语种的用户数量将继续增长,英语的"半边天"地位可能会受到挑战。

二、用户黏性继续增强,偏好呈现代际差异

因为使用的便利性和工作、社交、获取信息、娱乐等各方面的需求,人们每天在社会化媒体上花费大量时间,并且使用时长有增长趋势。用户愈来愈离不开社会化媒体,黏性有增无减,不同年龄段用户的使用偏好也呈现出明显的代际差异。

---

① Kemp S. Digital in 2018: Essential Insights Into Internet, Social Media, Mobile, And Ecommerce Use Around The World[R]. We are social 2018,362.

(一) 用户对社会化媒体依赖加深

随着社会化媒体全面进入人类的生活和工作,特别是智能手机的普及,大大提高了社会化媒体使用的便捷程度,人们对它的依赖与日俱增。以印度尼西亚为例,2018 年社会化媒体渗透率为 49%,即接近一半的人口使用社会化媒体,高于全球平均值;用户数量比上年增长 23%;用户平均每天在社会化媒体上花费 3 小时 23 分钟,仅次于菲律宾(3 小时 57 分)和巴西(3 小时 39 分)。用户每天使用社会化媒体超过 3 个小时的国家还有泰国、阿根廷、埃及、墨西哥、尼日利亚和马来西亚。[1] 市场调研机构 JAKPAT 对 2000 多名受访者进行了调查,以了解 2018 年第一季度印尼社会化媒体使用的趋势。调查发现,大部分受访者每天超过 25% 的时间都花在社会化媒体上。社会化媒体的创新性和便捷性使用户对其产生依赖,增加了人们共享信息的渠道。由于社会化媒体使用频率增加,人们的互动频率也随之提高。[2]

(二) 年轻用户使用时长增加

作为数字媒体的原住民,年轻人群体是重度"社会化媒体依赖症患者",随时使用社交应用程序已经成为他们习惯的生活方式。2018 年,"Z 世代"和"千禧一代"花费在各类社交应用上的时长有增长趋势。"Z 世代"指 20 世纪 90 年代中叶至 2010 年前出生的人,又被称为"网络世代"或"互联网世代";"千禧一代"指 1982 年

---

[1] Kemp S. Digital in 2018: Essential Insights Into Internet, Social Media, Mobile, And Ecommerce Use Around The World[R]. We are social 2018,362.
[2] JAKPAT Survey Report. Indonesia Social Media Trend 1st Semester 2018 [R/OL]. (2018-12-19) [2019-01-15]. https://blog.jakpat.net/indonesia-social-media-trend-1st-semester-2018/.

至2000年出生的人,又被称作"Y一代"。根据美国视频创作平台Vidmob的研究,42%的"Z世代"和"千禧一代"在2018年比上一年花费更多的时间使用社会化媒体,使用社交应用程序的增长率比移动浏览器的增长率高40%,只有不到5%的年轻人每天最先打开的应用程序是浏览器。①这些数据表明,年轻用户使用社会化媒体的黏性继续增强,由于社会化媒体平台不断推出新的功能吸引年轻人,年轻人的社会交往活动也与这些平台紧密交织,这种趋势有望在2019年得到延续。

(三)中年人偏爱老牌社会化媒体

随着社会化媒体发展的渐趋成熟,不同年龄段的人群对社会化媒体的类型偏好也呈现出明显的代际差异,这一点在发达国家和发展中国家情况类似,美国和印度尼西亚是典型的例子。美国皮尤研究中心的调查显示,美国中年人偏爱Facebook和YouTube,以"Z世代"为代表的年轻人则喜欢Snapchat和Instagram。②来自市场调研机构JAKPAT的数据表明,印尼26岁以上的成年用户倾向于通过Facebook获取信息,25岁以下的年轻用户更乐于用Instagram来娱乐消遣。③可见,较早创办的Facebook和YouTube等老牌社会化媒体在年龄比较大的用户群体中比较受欢迎,Snapchat和Instagram的形式更新颖,功能更花哨,因而在青少年和较年轻的成年人中比较流行。

---

① The State of Social Video 2018[R/OL]. (2018) [2019-01-15]. https://www.vidmob.com/state-of-social-video/.
② Smith A, Anderson M. Social Media Use 2018[R/OL]. (2018-03-01) [2019-01-15]. https://www.pewresearch.org/internet/wp-content/uploads/sites/9/2018/02/PI_2018.03.01_Social-Media_FINAL.pdf.
③ JAKPAT Survey Report. Indonesia Social Media Trend 1st Semester 2018[R/OL]. (2018-12-19) [2019-01-15]. https://blog.jakpat.net/indonesia-social-media-trend-1st-semester-2018/.

(四)"Z 世代"更爱看视频

与此同时,社会化媒体视频观看时长及偏好也呈现出代际差异。Vidmob 报告显示,"Z 世代"在社会化媒体上看视频时长的比例(41%)高于"千禧一代"(33%)。使用数字媒体的每一个小时里,"Z 世代"平均用 25 分钟看视频,而"千禧一代"为 20 分钟。"Z 世代"的社会化媒体喜爱度排序前三名依次是 YouTube、Snapchat 和 Instagram,而"千禧一代"最喜欢的则是 Instagram 和 YouTube。[①]尽管"Z 世代"和"千禧一代"同为比较年轻的用户,但是,他们在社会化媒体使用偏好方面呈现出的差异反映了一个不容忽视的问题:越是年龄小的用户,越倾向于观看大量的视频内容。

三、作为新闻来源地位下降,亟须重建信任

随着"假新闻"的盛行和"后真相"时代的到来,社会化媒体作为新闻来源的增长趋势出现拐点。这也是近年来社会化媒体行业面临信任危机的突出表现,英国路透研究院和美国皮尤中心的调查结果都反映了这一趋势。

(一)人们使用社会化媒体获取新闻比例下降

从 2018 年初开始,质疑社会化媒体的呼声就不断加强。英国路透新闻研究院 1 月底 2 月初的调查数据显示,在世界主要国家,

---

① The State of Social Video 2018[R/OL].(2018)[2019-01-15]. https://www.vidmob.com/state-of-social-video/.

过去七年人们把社会化媒体作为重要新闻来源的趋势一直在增长,这种增长在 2018 年出现停滞甚至下滑。以美国为例,每周使用社会化媒体获取新闻的比例从 2013 年的 27%稳增至 2017 年的 51%后,在 2018 年下降了六个百分点,回落至 45%。在英国,这一数字从 2013 年的 20%上升至 2017 年的 41%,在 2018 年又跌回原位。在巴西,使用社会化媒体获取新闻的比例从 2016 年就开始下滑了。①世界不同国家和地区出现的相似发展态势,让人不得不重新思考社会化媒体作为新闻传播渠道的意义。

这项调查还发现,人们使用 Facebook 获取新闻的比例持续下降,过去三年,下降了 18%。值得注意的是,2015 年以来,人们使用 Facebook 的其他目的都保持稳定,只有新闻获取下降。通过相对封闭的聊天软件(如 WhatsApp)获取新闻的比例则有所上升,在过去两年里上升了 13%。在马来西亚,在线用户样本中有 54%使用 WhatsApp 获取新闻,在巴西有 48%,在西班牙有 36%,在土耳其有 30%。② Facebook 作为新闻来源的比例下降原因与这一平台近年来发生的丑闻不无关系,尽管众多专业新闻机构进驻该平台,仍然未能改善其新闻传播环境。

(二)人们对来自社会化媒体的新闻持怀疑态度

在减少使用社会化媒体获取新闻的同时,人们对来自此类渠道的消息保持警惕。皮尤研究中心于 2018 年 7 月 30 日至 8 月 12 日进行了一项关于新闻消费方式的调查,调查对象为 4581 名美国成年人。调查显示,大约 2/3(68%)的美国人曾使用社会化媒体获取新闻,但是,经常使用社会化媒体获取新闻的比例仅有 20%,从

---

① Fletcher R, Kalogeropoulos A, Levy D A L & Nielsen R K. Digital News Report 2018 [R/OL]. (2018) [2019-01-15]. https://www.digitalnewsreport.org/survey/2018/.
② 同上。

不使用社会化媒体获取新闻的比例则有32%。大部分社会化媒体新闻消费者(57%)对其新闻的准确性持怀疑态度,其中,15%的消费者认为社会化媒体令他们对新闻真相更加困惑。即使在那些更青睐通过社会化媒体获取新闻,而非其他平台(比如报纸、电视或广播)的美国人中,也有很大一部分人(42%)持有怀疑态度。[1]显然,"假新闻"余波未平,社会化媒体平台在用户心目中缺乏权威性,可信度不高。

(三)社交机器人加剧了人们对社会化媒体的不信任

人工智能的过度使用加剧了人们对社会化媒体的不信任。皮尤研究中心2018年发布的另一项有关社会化媒体机器人的调查报告显示,66%的美国人听说过社会化媒体机器人,大部分人认为机器人滥用有损新闻真实性。具体到新闻环境,很多人发现社会化媒体机器人无处不在,令人担忧。在这些人中,81%的人认为,人们从社会化媒体上获得的新闻至少有相当一部分来自机器人账户。约2/3(66%)的人认为社会化媒体机器人对美国人了解时事的程度有负面影响。被调查者不仅普遍对社会化媒体机器人持负面看法,而且很少有人对自己能够分辨机器人新闻真假性充满信心。在那些听说过机器人的人中,只有不到一半(47%)的人有一定信心能够分辨,仅7%的人非常有信心,大约有四成(38%)的人不太自信,15%的人说他们一点也不自信。[2]

---

[1] Shearer E, Matsa K E. News Use Across Social Media Platforms 2018[R/OL]. (2018-09-10)[2019-01-15]. https://www.journalism.org/2018/09/10/news-use-across-social-media-platforms-2018/.

[2] Stocking G, Sumida N. Social Media Bots Draw Public's Attention and Concern 2018[R/OL]. (2018-10-15)[2019-01-15]. https://www.journalism.org/2018/10/15/social-media-bots-draw-publics-attention-and-concern/.

（四）新闻机构继续重视社会化媒体传播

尽管如此，新闻媒体仍然把社交平台视为新闻传播的重要渠道，运用社会化媒体传播新闻的策略趋于多元。路透新闻研究院2018年对芬兰、法国、德国、意大利、波兰和英国这6个欧洲国家的12家私营报纸和广电媒体进行调研，在分析这些媒体在Facebook、Twitter和Instagram三个社交平台的传播数据的基础上，对媒体的主编和管理者进行了访谈。研究发现，欧洲的私营新闻媒体在运用社交平台时主要有三个目标：一是导流，将用户吸引到自有网站上，增加自有网站流量；二是提升影响力，在社交平台上传播新闻以提升媒体品牌知名度；三是提高用户订阅量，试图将社交平台用户转化为愿意为新闻付费的数字用户。大多数情况下，新闻机构会将以上三个目标不同程度地结合，并在此基础上推行自己的社会化媒体运营策略。[1]

四、限时分享模式爆增，短视频流行

由于人们对在线隐私保护的日益重视和不断增长的及时销毁数字痕迹的需求，"限时分享"（或称"阅后即焚"）的信息流模式出现爆发式增长。

---

[1] Alessio C, Annika S, David A. L L, Rasmus K N. Private sector news, social media distribution, and algorithm change [R/OL]. (2018-09) [2019-01-15]. https://reutersinstitute.politics.ox.ac.uk/our-research/private-sector-news-social-media-distribution-and-algorithm-change.

（一）"故事"将超过"发帖"成为主要分享方式

最典型的限时分享模式应用是"故事"（Stories），用户可以通过这一功能发布短视频和照片簿，这些内容在一定时间后会自动消失。Facebook 首席产品官克里斯·考克斯（Chris Cox）分享的图表显示，目前在 WhatsApp、Instagram、Facebook 和 Snapchat 平台已经有近十亿的用户使用限时分享模式分享内容。他预测，2019 年"故事"将超过"发帖"（Feeds），成为人们与朋友分享的主要方式。① Facebook 首席执行官马克·扎克伯格（Mark Zuckerberg）也认为，"故事"功能的使用时间最终将超过用户在新闻帖（News Feed）上浏览新闻所花费的时间。② 尽管"故事"应用还处于发展早期阶段，但是，随着越来越多的营销者参与并探索用户喜爱的主题内容，限时分享模式很可能成为主流社交分享模式。

（二）年轻人青睐限时分享，被动收看居多

就目前的用户情况来看，限时分享模式的主要使用者是年轻人。VidMob 发布了一份关于"Z 世代"和"千禧一代"对"故事"类平台使用偏好的社交视频报告。调查显示，"Z 世代"喜欢 Snapchat，而"千禧一代"则更偏爱 Instagram。值得注意的是，目前年轻用户消费的内容多于他们创造的内容。比如，Snapchat 的"Z 世代"用户中，有超过 2/3（70%）的人热衷于观看别人的"故事"，

---

① Top 5 Social Media Trends in 2019 [R/OL]. (2019) [2019-01-15]. https://blog.hootsuite.com/social-media-trends/#storifying.
② Gallagher K. How Gen Z and Millennials Watch Stories [EB/OL]. (2018-08) [2019-01-15]. https://www.businessinsider.com/vidmob-report-how-gen-z-millennials-watch-stories-2018-8.

但只有不到一半(39%)的人自己创作"故事"。① JAKPAT 公司针对印尼市场的调研也发现,出于娱乐性原因,大部分用户仅会观看短视频,而非主动拍摄上传。②可见,尽管"限时分享"模式是社交网络平台着力打造的供用户生产内容的功能,但是,用户在这一模式下却更愿意扮演"观众"的角色。对于专业内容提供商来说,这其实是一个好消息,专业媒体机构和品牌企业已经跃跃欲试。

(三)实用性和娱乐性短视频最受欢迎

研究发现,限时分享模式非常适合操作方法类短视频。VidMob 的另一份报告《社交视频现状 2018》显示,46%的"Z 世代"和"千禧一代"表示,操作类、教程类和技巧类是最受欢迎的视频观看类型。此外,"视频日志"(Vlogs)吸引了 42%的"Z 世代"用户,其次是"恶作剧视频"(37%),第三大类型是"开箱视频"(Unboxing Video)(27%)。所谓"开箱视频"指的是拍摄打开某种产品包装的全过程的视频,此类视频不仅在"故事"模式下流行,在 YouTube 平台也是热门类型。调查显示,1/4 的年轻用户会主动寻找关于他们正在考虑购买的产品和服务的视频。此外,"娱乐性"仍然是用户观看"故事"的主要原因之一,54%的 Snapchat 用户、46%的 Instagram 用户、42%的 Facebook 用户表示他们观看"故事"的目的是为了娱乐。③

---

① Gallagher K. How Gen Z and Millennials Watch Stories[EB/OL]. (2018-08)[2019-01-15]. https://www.businessinsider.com/vidmob-report-how-gen-z-millennials-watch-stories-2018-8.
② JAKPAT Survey Report. Indonesia Social Media Trend 1st Semester 2018[R/OL]. (2018-12-19)[2019-01-15]. https://blog.jakpat.net/indonesia-social-media-trend-1st-semester-2018/.
③ The State of Social Video 2018[R/OL]. (2018)[2019-01-15]. https://www.vidmob.com/

（四）"故事"和"帖子"联动传播成为新的互动方式

"故事"和"帖子"之间的联动传播成为一种新的社会化媒体互动方式。2018年Instagram的"故事"功能用户人数实现了迅猛增长，每天有超过三亿用户使用"故事"应用。企业也开始进驻"故事"应用来与用户接触。一方面，企业开始将"故事"应用的流量导引到企业Instagram账户发布的"帖子"上。新推出的"再次分享功能"让用户能轻松地分享帖子，而不再需要先将帖子进行截图。另一方面，很多企业正在把自己的受众从Instagram的"帖子"引流到"故事"应用。例如，时装品牌Mango会先在Instagram发帖，让关注用户接下来到"故事"上抢先查看每季新款。博主每周会在"故事"应用上列出自己最喜欢的账户。当一位博主分享一个账户，很有可能这位博主也会出现在这个账户的某张图片里。虽然有些用户喜欢这些推荐，但是过多的推荐有时候会起到适得其反的效果。[①]

（原载《新闻与写作》2019年第4期，原题为《回顾与展望：国际社会化媒体发展新趋势》，作者为刘滢、刘心雨、刘静珊）

[①] Lexie Caborne. 9 Popular Instagram Trends in 2018 (So Far)[EB/OL]. (2018)[2019-01-15]. https://later.com/blog/instagram-trends-2018/.

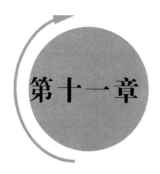

第十一章

新闻播客：国外媒体转型的新动向

2017年3月初，长期跟踪调研美国市场的Edison研究与Triton数字公司发布了最新的新媒体应用研究报告。数据显示，12岁以上美国人中有40%听过播客，这一数字接近十年前的四倍；此外，60%的美国人熟悉"播客"一词，这一数字在过去两年攀升了11%。[①] 作为以音频、视频为主要传播手段的社会化媒体，播客正成长为越来越受欢迎的媒介形式。

与此同时，忙于数字化转型的国外媒体也在播客平台上持续发力。以《纽约时报》为例，于2017年新年伊始发布2020年战略计划书——实现数字收入增长翻倍的宏伟目标后，该报从新闻播客着力继续发掘数字化转型潜力。2月1日，推出一档新的早间播客节目"The Daily"（日报），转变每日新闻报道模式，请来各路记者

---

① The Infinite Dial 2017［EB/OL］.（2017-03-20）［2017-09-30］. http://www.edisonresearch.com/infinite-dial-2017/.

共同探讨焦点新闻。① 这一名称不禁让人回忆起四年多前关闭的默多克新闻集团专门为 iPad 打造的报纸,同样名为"The Daily"的那份"未来报纸"不到两年就走到了尽头。此次《纽约时报》沿用这一名称,是何用意?这是否意味着新闻业将迎来新的转型契机,开启一个崭新的播客时代?

本章综合梳理播客在全球的发展态势,以及英美广播电视及平面媒体采用新闻播客这一媒体形态的最新动向,尝试勾勒出国外媒体转型的一条新的可行路径。

一、播客的全球发展态势

播客,即 Podcasting,源自"iPod"和"Broadcast"的合成词。它是指一种向互联网分发视频和音频的方法,区别于早期在网上直接发布视频和音频节目,播客用户可以选择任何喜欢的节目,通过订阅功能定期接收节目更新,在线收听或下载到移动设备如 Apple 的 iPod 或其他 MP3 等便携数字设备,随时随地收听。②

播客是社会化媒体家族的一个成员,与博客、维基、社交网站、论坛、内容社区、微博等并列。③ 随着社会化媒体在全球的勃兴,播客也成为一个日益受到瞩目的媒体形态。

---

① Barbaro To Host New Podcast From The New York Times [EB/OL]. (2017-01-31) [2017-03-18]. https://www.forbes.com/sites/paulfletcher/2017/01/31/barbaro-to-host-new-podcast-from-the-new-york-times/#23e778aa7a1d.
② Pew Research Center. What is Podcasting? [EB/OL]. (2006-07-19) [2017-03-19]. http://www.journalism.org/2006/07/19/what-is-podcasting/.
③ 彭兰. 社会化媒体:理论与实践解析[M]. 北京:中国人民大学出版社,2015:3.

（一）技术驱动的新媒体形态

播客这一媒体形态诞生于2005年,迄今已有11年的发展历史。但其技术基础早在千禧之年已经出现,当年软件技术工程师戴维·温那(Dave Winer)发布了RSS的0.92版本,这一版本让音频文件在RSS的订阅聚合信息中兼容传递,从而为播客的传播解决了技术障碍。① 2004年,世界上首个播客网站Daily Source Code（每日源代码）由美国人亚当·科利(Adam Clark Curry)创办。此后一年,播客吸引了极大的关注,获得了井喷式的发展。2005年,雅虎顺势增加了播客搜索引擎。而"播客"也入选《新牛津美语大辞典》的年度词语,一时风光无限。

（二）移动终端内置的默认应用

不过,此后受到在线视频、音乐流媒体等数字新技术的冲击,播客发展势头渐缓。至2012年,苹果公司将播客平台从iTunes中独立出来,推出新应用Podcasts,为播客的发展带来了又一个高峰期。据报道,截至2013年,新应用订阅突破了10亿大关,其中包含了25万个播客,800万个视频。2014年10月,苹果公司将"Podcasts"设为其最新iOS8系统的默认应用,据估计全球数亿人使用苹果移动设备,都会自动装上"Podcasts"。

这其中,有两档播客节目表现优异,吸引了大量订阅。一个是2013年创办的"Welcome to Night Vale"（欢迎来到夜谷）,每月两次播出(1号和15号),以沙漠小城"夜谷"的社区资讯作为播报内

---

① Andrew J. Bottomley. Podcasting: A Decade in the Life of a "New" Audio Medium: Introduction [EB/OL]. [2017-03-21]. http://www.tandfonline.com/doi/full/10.1080/19376529.2015.1082880?scroll=top&needAccess=true.

容,该节目长期位居 iTunes 下载第一。另一个是 2014 年播出的"Serial"(连载),属于芝加哥电台"This American Life"(美国生活)栏目旗下的罪案类非虚构节目,节目组仅有 5 人,却成为 iTunes 上最快拥有 500 万订阅的播客,并在 2015 年 4 月获得播客类大奖,被多家媒体评为"史上最好的播客"。

(三)传统广播的数字化复兴

播客在诞生之初曾被誉为"传统广播的复兴",它以其便利性和自主性改变了音频和视频的接收方式,革新了多媒体传播技术,对传统媒体行业秩序造成了冲击,有研究者甚至提出——播客是否会成为下一个主流媒体?[①] 当然,除了个人播客的兴盛,其主持人发展成为小范围"意见领袖"外,移动电台的竞争力也极度提升,播客的"场景性"和搭载移动应用的未来被看好,适应了人们生活节奏的变化。

技术与媒体的结合不断推动着传播手段的革新,尤其是智能手机的普及为播客的发展带来了前所未有的机遇。优良的收听数据表现,不仅为有效收复新闻行业流失用户、吸收新一代听众带来希望,也为挽回惨淡广告营收迎来曙光,更为传统新闻媒体打造对话性数字媒介提供新途径。

二、新闻播客的发展现状

尤其值得关注的是,播客为专业传媒机构升级了内容转换平台。在短暂的观望之后,英美各大传统媒体集团加入了播客潮流,

---

① Bottomley A J. Podcasting: A decade in the life of a "New" audio medium: Introduction [J]. Journal of Radio & Audio Media, 2015,22(02):164-169.

一方面纷纷建立播客平台集纳个人或机构播客内容,另一方面主动制作播客栏目或节目,进一步深挖既有优质新闻资源。

各大媒体先后推出播客服务,除了将节目上载网站外,还通过APP等其他平台传播播客节目。美国国家公共广播电台(NPR)反应迅速,其加盟电台将节目搬上播客;英国广播公司(BBC)在推行"数字英国"计划后,陆续推出了 Podcasts 与 iPlayer 两种服务。此后,ABC、NBC、ESPN、迪士尼、《商业周刊》、《福布斯》、加拿大广播公司、《纽约时报》、《华尔街日报》等,也纷纷涉足播客领域。至此,新闻播客以其优质的新闻资源和高水准的制作受到欢迎,订阅数持续上升,并成为媒体集团数字化转型的一个重要方面。

(一)广电媒体的新闻播客:终端拓展的重要手段

目前,大型广播电视媒体集团都已基本拥有了播客频道,BBC、CBC、VOA 等老牌广电媒体的新闻日播节目特色凸显。

以英国 BBC 为例,早在 2004 年,BBC 就率先加入了播客大军,推出 Podcasts 服务。它的第一个新闻播客节目是"In Our Time"(在我们的时代),第二年 BBC 开播了首个日播的播客栏目"Today"(今天),并迅速将播客栏目发展到 20 个以上。① 根据其官网 Podcasts 主页显示,目前其播客节目已经达到了 525 个之多。②

在"数字英国"和"创意未来"计划的推进下,BBC 在 2007 年重磅推出了 iPlayer 服务,全面加速整体数字化转型。通过 iPlayer 这项网络视频点播服务,用户可以在 BBC 网站以直播、时移、点播以及下载等方式收听和收看 7 日内 BBC 所播出的音视频节目。

---

① BBC to podcast up to 20 more programmes including Today and Radio 1 speech highlights [EB/OL].(2005-04-04)[2017-03-20]. http://www.bbc.co.uk/pressoffice/pressreleases/stories/2005/04_april/14/pod.shtml.

② BBC. Podcasts[EB/OL].[2017-03-17]. http://www.bbc.co.uk/podcasts.

iPlayer 承担着 BBC"终端拓展"的重要使命,巨额投资屡次革新技术,迄今为止已升级了数代产品。从 2007 年首次从技术层面实现全媒体传输渠道整合的第一代 iPlayer 正式上线,到 2008 年集成了无线视频点播电视功能的第二代 iPlayer 面世,再到 2010 年第三代 iPlayer 联合社会化媒体 Facebook、Twitter、Windows Live Messenger 等增加了更多的互动功能和体验……iPlayer 不断刷新着人们对播客的认识。如今,BBC 又在试验"认知媒体",iPlayer 第一次可以使用手势和语音识别来进行控制和搜索,并朝着人机智能交互的模式研发和推进。①

发展到今天,BBC 的 iPlayer 已经取得了不俗的业绩,其 2017 年 1 月份的访问量达到 3.04 亿。2 月,它又新推出了跨屏观看功能和个性化功能。可以说,BBC 通过坚定的数字化转型,成功抢占了新兴信息终端,并将其与传统业务实现了有效对接。

(二)平面媒体的新闻播客:报道议题的二次挖掘

尽管不如广电媒体具备天然的音视频优势,在播客兴起的趋势中,平面媒体集团也毫不示弱。平面媒体播客大多选择资深的媒体人担任主持人,除专注于传统的音乐、电影、旅游、生活方式等领域外,更对相应优势领域的潜力进行开发,尤其是对新闻报道议题进行二次挖掘。英国《卫报》、美国《华尔街日报》率先在报纸中采用播客开发新闻产品,随后《纽约时报》也加入进来,还成立了独立的音频部门②。

---

① 周洋. BBC iPlayer:以用户体验为核心[J]. 视听界,2012,91(05):62-65.
② The New York Times launches a podcast team to create a new batch of wide-reaching shows[EB/OL]. (2016-03)[2017-03-19]. http://www.niemanlab.org/2016/03/the-new-york-times-launches-a-podcast-team-to-create-a-new-batch-of-wide-reaching-shows/.

在《纽约时报》评出的 2016 年十大年度播客①中,可以看到最受欢迎的播客类型有:戏剧类、生活类、社会类、真实犯罪、小说类。在这其中,社会类和真实犯罪类播客基本由传统媒体新闻集团制作。

最受欢迎的社会类播客是"Code Switch"(代码开关)和"See something and say something"(见事说事)。前者由美国 NPR 的记者主持,关注美国的种族问题;后者由 BuzzFeed 的记者主持,在大选前开播,关注美国多元文化背景下的穆斯林身份问题。

最受欢迎的犯罪类播客之一是由美国公共媒体公司制作的"In the dark"(黑暗中),该节目的灵感来自此前大获成功的同类型播客节目"Serial",既具有广播剧的属性,更是一档新闻调查类节目。该节目对 1989 年遭绑架失踪的 11 岁男孩的案件进行了重新调查,主持人以真实的犯罪案件为基础,客观陈述调查进展,时刻跟踪听众反馈,鼓励大众讨论而不做评论,利用受众对犯罪新闻的兴趣开创了一个有影响力的类型节目。

迄今为止,《纽约时报》的播客产品达到了 8 个之多,而仅在 2016 年一年就有 4 个产品问世。② 其播客产品分别为:The Run-up(即将到来),The Book Review(书评),Inside the Times(时报内幕),Modern Love:The Podcast(现代爱情播客),Popcast(流行播客),Still Processing(进行时),Tell Me Something I Don't Know(告诉我一些未知的事),The Daily(日报)。

在这其中,"The Book Review"栏目已有长达 10 年的历史,"Popcast"和"Inside the Times"两个栏目也已开播超过 5 年的时间;前者是一档音乐节目,后者则让听众了解新闻报道背后的努力和

---

① Hess A. The Best New Podcasts of 2016 [EB/OL]. (2016-12-06)[2017-03-17]. https://www.nytimes.com/2016/12/06/arts/best-podcasts.html.
② The New York Times/ postcasts [EB/OL]. [2017-03-17]. https://www.nytimes.com/podcasts/.

艰辛。这三个节目作为先行的"试水者"在十余个节目中保留下来,尽管都还一直未有盈利。

《纽约时报》在 2016 年成立了独立的音频部门,由数字转型高级编辑萨曼莎·赫尼格(Samantha Henig)担任主管。自此,《纽约时报》加快了进军新闻播客领域的步伐。当年年初,播客"Modern Love"的开播吸引了极大的关注,其内容源自《纽约时报》上每周最受欢迎的读者来稿。这个定位鲜明的播客一周之内就获得了 30 万次的下载量,快速积攒了影响力。在公开的备忘录中,《纽约时报》表示,希望将此类节目作为一个平台,让其新闻员工整合该报资源,在生产中将新闻报道、直播和可视化新闻的工作融合在一起,以此快速广泛地吸引听众并提高收入。①

2017 年《纽约时报》持续推进其在播客上的创新。2 月开播的"The Daily"继续发掘并延续其在新闻专业领域的影响力。主持人迈克尔·巴巴罗(Michael Barbaro)是资深的政治记者,在该报拥有长达 12 年的报道经验,近年来长期跟踪报道政治新闻及总统竞选报道。"The Daily"在工作日(周一至周五)的上午 6 点播出,每次时长 15 分钟至 20 分钟,主要集中讨论 2 个新闻话题。通过《纽约时报》的 APP 或苹果手机的播客订阅平台,公众均可免费收听。首期聚焦"美国总统特朗普提名 49 岁的上诉法院法官尼尔·戈萨奇(Neil Gorsuch)为美国最高法院大法官"②。

---

① The New York Times launches a podcast team to create a new batch of wide-reaching shows[EB/OL].(2016-12-06)[2017-03-17]. http://www.niemanlab.org/2016/03/the-new-york-times-launches-a-podcast-team-to-create-a-new-batch-of-wide-reaching-shows/.

② Owen L H. With its new daily podcast, The New York Times attempts to break away from "reporting from on high" [EB/OL].(2017-02-06)[2017-03-21]. http://www.niemanlab.org/2017/02/with-its-new-daily-podcast-the-new-york-times-attempts-to-break-away-from-reporting-from-on-high/.

三、新闻播客的未来

有研究者曾将播客的发展划分成三个阶段:第一次浪潮是2004年至2006年,源于苹果iTunes引入播客节目;第二次浪潮是2008年iPhone手机发布后,带动其他播客应用的发展;第三次浪潮始于2014年,调查类新闻广播剧"Serial"的火爆。① 如今,《纽约时报》的"The Daily"一出生就风华正茂,那么,它所代表的新闻播客能否掀起播客发展的第四次浪潮?

可以看到,近年来随着国外新闻媒体集团的先后发力,新闻播客已经开始在播客领域逐渐壮大,无论是从内容,还是在节目形式上,专业的新闻播客以优势资源试探着数字媒体发展的新方向。虽然目前播客的商业模式仍不乐观,媒体仍需寻找受众群与盈利点之间的平衡。但是,随着智能手机等移动终端对受众群的规模覆盖,新闻播客未来将有长足的发展。

在2017年年初发布的2020年战略计划书中,《纽约时报》曾对其一系列数字化举措作出解释和展望。《纽约时报》表示,将会把焦点集中于如何改善时报每一天的新闻,以及驱动订阅量的增长。报告指出:"我们的工作方式必须有所改变。"②也许,新闻播客正是改变媒体工作方式的一个新的可行路径。

(原载《青年记者》2017年第10期,作者为刘滢、胡洁)

---

① 搜狐公众平台.不再是孤岛:播客兴起的背后[EB/OL].(2016-10-09)[2017-03-21].http://mt.sohu.com/20161009/n469777663.shtml.
② 百度新闻实验室.《纽约时报》披露2020战略计划书:数字时代,我们必须改变[EB/OL].(2017-01-19)[2017-03-21].http://www.p5w.net/news/tech/201701/t20170119_1694837.htm.

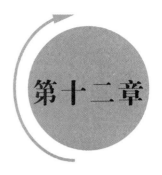

第十二章

从 BBC 扩张计划看英国全球传播战略

2016年11月16日,英国广播公司世界新闻部(BBC World Service)宣布了20世纪40年代以来最大的一次全球扩张计划,将推出11个新语种服务,招聘本地雇员,扩大编辑部规模,增加移动和视频内容,加大在社交网络平台的传播力度,目标是使 BBC 世界新闻传播语种数量达到40种,到2022年覆盖5亿全球受众。印度、泰国等亚洲国家是 BBC 新一轮市场拓展的重点目标。①

在国际媒体纷纷收缩战线、"做减法"的背景下,BBC 全球扩张的底气来自英国政府前一年许诺的2.89亿英镑的拨款。由此可见,这一计划绝不仅仅是一家媒体的跨国市场开拓行为,正如 BBC 总干事托尼·霍尔所说,"BBC 世界新闻是 BBC 和英国皇冠上的

---

① Morgan C, Rogers K. BBC World Service announces biggest expansion since 1940s[EB/OL]. (2016) [2016-11-17]. http://www.bbc.co.uk/mediacentre/latestnews/2016/world-service-expansion.

宝石",它的发展计划体现了英国政府的全球传播战略。

一、亚洲国家：英国全球传播的新重点

与全球扩张计划同时推出的是 BBC 世界新闻在印度、泰国、朝鲜、韩国等亚洲国家的发展新举措。其中,拥有超过 12 亿人口的印度市场是重中之重,此次全球扩张计划中准备推出的 11 个新语种中,有 4 个是印度本土语言。

（一）印度：目标转向"不会说英语"的潜在受众

作为印度最大的外国媒体机构,BBC 在印度已经拥有雄厚的传播基础和强大的品牌影响力,这种影响主要体现在英语新闻领域。但是,印度只有 1/10 的人口熟练掌握英语,超过 10 亿的人口主要使用 20 种印度主要本土语言中的一种或两种,未来 BBC 受众增长人数将来自不会说英语的人。为了向这 10 亿人口开展有效传播,BBC 宣布推出 4 种新的印度本土语言服务,分别是古吉拉特语、泰卢固语、马拉地语和旁遮普语,覆盖 2.5 亿印度潜在受众(包括一些巴基斯坦受众)。

为此,BBC 必须应对很多挑战。首先,把德里变成 BBC 在英国以外的最大分支机构所在地。BBC 正在招聘 157 名新员工,扩大在印度分支机构的规模,现在这一机构已经占了印度时报大厦的整整一层,位于德里中心的一个昂贵地段。然而,在这么短时间内雇佣一百多名熟练掌握这 4 种语言之一的合格记者没那么容易。BBC 将不得不支付大笔培训费用。即使能找到,这些人也得搬到昂贵的德里,距离古吉拉特语、泰卢固语和马拉地语主要使用区域数千英里。据哈佛大学尼曼实验室研究员哈希特·沙阿分析,这157人中,大多数员工将在德里工作,距离新闻发生地很远,尽管会有几个常驻当地的记者,但是大部分的工作都将在德里总部进行。

其次,应对数字化传播挑战。目前,印度有4亿人口(约占印度总人口的1/3)可以接入互联网,廉价智能手机的普及使印度互联网使用率迅速提高,印度本土制作的内容和应用迅速增多。与其他国家不同,印度的数字革命几乎全部是在移动设备上发生的,因为在印度除了主要城市外,宽带架设非常有限。为了适应印度市场特点,BBC表示将提供比以往更多的移动内容。BBC新闻发言人凯莉·罗杰斯说,在亚洲地区的投资将使BBC对这一地区的服务转向数字导向的产品,以满足世界上增长最快的移动市场的需求。英国政府给BBC世界新闻部的拨款中将有大笔投资用于印度市场。①

(二)泰国:推出泰语网站配合社交网络报道

同时,BBC宣布在泰国推出全新的数字服务——泰语网站bbcthai.com。除了全国性、地区性和国际政治新闻外,BBC泰语网还将报道商业、文化、健康、技术、科技和娱乐新闻,以及妇女问题和社会新闻。"BBC学英语"还将为其提供免费内容。与此同时,BBC还将加大泰语社交网络报道力度,提升对泰国和其他国家泰语受众的新闻服务品质。

此前,BBC泰语服务仅局限于社交网络。2014年7月,针对泰国的军事政变,BBC曾推出过一项基于Facebook平台的"pop-up"服务。在2015—2016这两年中,BBC泰语Facebook主页每周产生

---

① Shah H. India's digital future isn't just in English: BBC launches 4 Indian language services[EB/OL]. (2016-11)[2016-11-20]. http://www.niemanlab.org/2016/11/indias-digital-future-isnt-just-in-english-bbc-launches-4-indian-language-services/.

超过 130 万次互动,拥有 165 万粉丝(数据截至 2016 年 11 月),这些用户大多数来自泰国。BBC 泰语服务还使用 Facebook Live、Google Hangouts、YouTube 等其他社交网络抵达受众。

如今,BBC 泰语服务在伦敦和曼谷扩大了团队规模,增强了生产原创数字内容的能力。BBC 聘请了一名泰国资深文字和电视记者担任主编,领衔这一团队。据了解,BBC 泰语服务还会创新互动形式,与 BBC 互联工作室和 BBC 新闻实验室合作,推动数字创新。2016 年夏天在曼谷和清迈,这一团队就与泰国当地创意公司共同探索了参与和互动的主题。通过社交网络和新的在线平台,BBC 泰语服务旨在吸引数字用户和年轻用户。①

此外,BBC 计划推出的新语种服务还包括针对朝鲜半岛听众,提供韩语的短波和中波广播节目,同时提供在线和社交网络数字内容。新的扩张计划还包括在俄罗斯推出新的新闻服务,为俄周边国家推出区域版本的服务以及一个重新上线的网站,并派驻更多的驻地记者,增加更多数字形式的报道。针对中国,BBC 早在 1999 年就推出了 BBC 中文网。BBC 还有日语网、缅甸语网等,这些语种服务共同构筑了 BBC 在亚洲地区的传播网络。

在非洲,BBC 将推出尼日利亚的 3 种当地语言、埃塞俄比亚和厄立特里亚的 3 种当地语言服务,并为撒哈拉以南非洲的合作电视台提供 30 个新电视节目。另外,BBC 还将增加阿拉伯语服务,提供新的针对阿拉伯世界的区域节目。目前,BBC 世界新闻服务每周用 29 种语言向 2.46 亿用户提供新闻,而 BBC 的每周全球受众总数是 3.48 亿。②

---

① BBC Thai adds website to digital offer[EB/OL].(2016)[2016-11-20]. http://www.bbc.co.uk/mediacentre/latestnews/2016/bbc-thai-website.
② Morgan C,Rogers K. BBC World Service announces biggest expansion since 1940s[EB/OL].(2016)[2016-11-17]. http://www.bbc.co.uk/mediacentre/latestnews/2016/world-service-expansion.

二、数字媒体：英国全球传播的新平台

仔细考量 BBC 世界新闻服务的扩张路径，一方面采用的是"全球本土化"策略，派驻和聘用更多的当地记者、编辑，采用本土语言进行传播；另一方面，则是顺应媒体转型的大势所趋，利用数字化平台扩大 BBC 的影响力。据悉，BBC 世界新闻将特别关注年轻受众和女性受众的增长，为他们提供感兴趣的内容和产品。

（一）视频服务：未来的发展方向

与视频密切相关的电视新闻和纪录片一直是 BBC 的强项，随着短视频的流行，BBC 将在这一新领域开疆拓土。BBC 称将继续数字化转型进程，特别是推出新的视频新闻简报服务。未来，BBC 所有 40 种语言服务都会提供视频新闻。BBC 世界新闻服务部门总监弗朗西斯·昂斯沃斯表示，BBC 必须追随受众，现在受众正在改变消费新闻的方式，越来越多的人收看视频新闻，许多服务现在只有数字版。因此，BBC 会加快数字化转型，特别是要为年轻受众服务。①

（二）"慢新闻"：提供更多的解读分析

社交网络的出现刷新了人们对新闻时效性的定义，直播越来越成为一种常态。在即时性背后，其弊端也是显而易见的：内容单

---

① Morgan C, Rogers K. BBC World Service announces biggest expansion since 1940s [EB/OL]. (2016) [2016-11-17]. http://www.bbc.co.uk/mediacentre/latestnews/2016/world-service-expansion.

薄,转瞬即逝,缺少背景和分析。为了解决这一问题,BBC世界新闻表示将通过"全球本土化"行动,在全球视野和本土报道的基础上,对新闻事件提供更深入的聚焦分析和解释。

这种新闻也被称作"慢新闻"(slow news),通过解释"为什么"(why)和"什么"(what)来帮助受众更好的理解世界。从新闻传播的角度看,在"快餐化"新闻消费方式盛行的数字时代,BBC提倡"慢新闻"体现了一种新闻专业主义精神。从全球传播的角度分析,这其实是"英国观点"寻求世界表达的一种渠道和方法,通过对新闻事件的深度解读,将英国的价值观和判断融入其中,从而影响世界其他国家人民的思考和行动。

(三)新技术:尝试虚拟现实报道

BBC研究与开发部门的实验性产品——虚拟现实(VR)童话《拐角森林》(The Turning Forest),2016年在谷歌的移动虚拟现实平台Daydream上架,免费提供给所有观众。这一童话影片由BBC的研究与开发部门和虚拟现实影视制作公司VRTIV联合制作而成。影片讲述了这样一个故事:在一个有魔力的森林里,一个小孩盯着一个幻想生物的眼睛,然后开始了一段旅程,带领观众进入一个充满想象力的世界。这部虚拟现实影片是BBC为未来受众探索新兴技术和新的叙事媒介的一个成果。

与其他虚拟现实作品相比,这部影片在"浸入式"的声音探索方面前进了一步,BBC增强了它的音频设计,创造了唯美的听觉环境,通过耳机产生新的听觉体验。这一影片获得了TVB欧洲听觉成就奖。当然,这只是一个试验性的产品,帮助BBC更好地理解虚拟现实技术在告知、教育和娱乐方面的潜力。①

---

① BBC's Virtual Reality fairy tale to launch on Daydream[EB/OL]. (2016)[2016-11-20]. http://www.bbc.co.uk/mediacentre/latestnews/2016/virtual-reality-daydream.

三、英语:英国全球传播的最好媒介

BBC 在新闻公告中表示,在推出新语种服务的同时,也将加大英语世界新闻的投入力度,推出新节目,报道更多的区域新闻,设置更宽的报道议程。其实,英语一直是英国全球传播的最好媒介。BBC 世界新闻有一个很重要的部门就是"BBC 学英语"(BBC Learning English),这一部门从 1943 年起就为全球受众提供免费的音频、视频、文字及多媒体英语学习材料。"BBC 学英语"还与国际捐赠者、非政府组织和商业伙伴合作,为细分市场提供生产量身定制的学习材料。①

除了"BBC 学英语"外,英国文化协会(The British Council)也长期承担英语在世界范围内推广的重任。英国文化协会是一家注册的慈善机构,成立于 1934 年,与英国政府及其行政部门合作,确保其工作与英国国际战略重点保持一致。英国文化协会的资源主要集中在海外,以便为英国带来最大利益。通过教授英语、分享艺术和文化、发展教育合作和机会,英国文化协会致力于传播英国的价值观和生活方式。

目前,英国文化协会在 100 多个国家为数百万人提供英语语言、艺术、教育等服务。首先,为有需求的英语学习者和教师提供高质量的语言材料。在发展中国家和后冲突国家,教授英语并通过电台、网站和电视节目培训教师。在全世界提供多种英语考试,帮助人们获得可信度高的资格证书,以支持他们的职业生涯和学习愿景。其次,帮助一些国家开展教育系统转型,建立更具包容性

---

① About BBC Learning English [EB/OL]. [2016-11-20]. http://www.bbc.co.uk/learningenglish/english/hygiene.

和开放的社会,并增加青年人的机会。鼓励国际学生去英国学习,鼓励英国学生体验国外生活。把世界各地的学校聚集在一起,让来自不同国家的年轻人和教师互相学习。再次,传播英国和国际上的优秀艺术,帮助受众增加在英国或为英国在全球工作的机会,把艺术家们聚集在一起,支持艺术和创意产业技能和政策的发展。①

(原载《青年记者》2016 年第 34 期,原题为《影响"不会说英语的人"——从 BBC 扩张计划看英国全球传播战略》)

---

① About British Council [EB/OL]. [2016-10-01]. https://www.britishcouncil.org/organization.

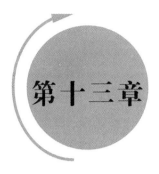

第十三章

路透社对非传播的转向

根据《非洲发展报告(2017—2018)》,近年来非洲政治总体上朝着积极的方向发展,大多数非洲国家实现了持续的经济增长,投资和消费在非洲经济增长中的贡献率逐步提升。①《世界互联网发展报告2018》指出,截至2018年上半年,非洲手机用户已超7亿,非洲地区3G和4G信号已经覆盖60%的人口。②作为新兴经济体,非洲在新媒体技术方面取得了长足的发展,许多商业巨头都想在非洲通信市场中分一杯羹,非洲移动与数字新闻受众市场的重要性不容小觑。

面对媒体市场发展的新局面,路透社率先对其对非传播策略进行了调整。2018年9月19日,路透社推出移动优先的新闻视频

---

① 非洲黄皮书:非洲发展报告(2017—2018)[EB/OL].(2018-08-21)[2018-11-29]. https://www.pishu.cn/zxzx/xwdt/524273.shtml.
② 互联网发展报告蓝皮书发布 新兴市场国家互联网发展抢眼[EB/OL].(2018-11-09)[2018-11-29]. http://finance.sina.com.cn/roll/2018-11-09/doc-ihnprhzw6336920.shtml.

服务"非洲杂志",旨在把"非洲最好的一面"呈现给非洲受众,在全球范围内把非洲置于"舞台中心"的位置。①与长期以来西方媒体备受诟病的用"他者"视角报道非洲迥然不同,路透社近期的做法突出反映了跨文化传播研究中的"非洲中心性"。

一、"他者"视角:片面、歪曲报道非洲

(一)"他者"概念的溯源

"他者"(other)是一个哲学概念,与"自我"(self)相对,最早见于柏拉图的《对话录》。笛卡儿提出"我思故我在",探讨了主体与客体、自我与外部世界的二元对立关系。黑格尔进一步将这一概念理论化,将"他者"定义为自我意识所感知的具有区别于"自我"特征的事物。福柯认为"自我"关于"他者"的认知本质上是一种权力话语,这种权力话语规范了"他者",对人的思想起控制作用。②萨义德借用了福柯的话语/权力理论来分析东方与西方的关系,指出东方作为"他者"是一个"想象的地域",西方作为"自我",凝视着东方,并将它与西方分离开来。③在西方中心论的框架下,"自我"与"他者"是一对权力关系,西方以外的世界被置于西方主导的话语体系之下,处于被支配的地位。

童兵、潘荣海提出,新闻中的"他者化"可以理解为一个将不同于自我的个体或群体建构成明显区别于主流群体的他者,这一过

---

① Reuters launches mobile-first news video service, Africa Journal[EB/OL]. (2018-09-19) [2018-11-26]. https://www.thomsonreuters.com/en/press-releases/2018/september/reuters-launches-mobile-first-news-video-service-africa-journal.html.
② 张剑. 西方文论关键词 他者[J]. 外国文学, 2011(01):118-127.
③ 萨义德. 东方学[M]. 王宇根, 译. 北京: 生活·读书·新知三联书店, 1999.

程是从辨识差异开始的,它通过强调某些群体的差异性、边缘性,从而将这些群体再现为区别于"自我"的"他者"。[①]长期以来,西方媒体对非洲的报道就是一种"他者化"的建构过程。

(二) 西方媒体对非洲的"他者化"报道

西方媒体对非洲的片面与歪曲报道体现了一种新闻中的"他者化"现象,他们往往站在"自我"的立场上,选取不正常的新闻素材,忽视非洲积极的发展建设。非洲被描绘成一个战乱与灾荒频发、犯罪与腐败严重、人民愚昧落后的形象,极大影响着国际社会对非洲的认知。

在这方面,国际学者已经有不少相关研究成果。美国学者阿桑特指出,西方媒体长期对非洲人的人性、历史、哲学、宗教等方面进行了全方位的否定与歪曲。报道非洲的国际新闻有 80% 是源自非洲境外的媒体,尤其是 CNN、路透社、美联社等真正主宰信息流动的国际媒体。媒体对非洲的歪曲手段包括:报道失真的新闻,重复报道有关非洲的失实陈述,使用贬损的词语、暗喻或刻板印象。[②]英国学者伊康对英国《卫报》和《每日邮报》的非洲报道进行了分析,发现存在一种负面化的报道模式。一方面,对非洲议题的报道不够充分,数量少、篇幅短,且很少有关于非洲的议题能够进入报纸头版;另一方面,灾难与冲突是两大常见主题,一直以来,非洲被西方媒体刻画成一个悲惨的大陆,长期被武装冲突、政治危机、经

[①] 童兵,潘荣海. "他者"的媒介镜像——试论新闻报道与"他者"制造[J]. 新闻大学,2012(02):72-79.
[②] Asante M. The Western Media and the Falsification of Africa: Complications of Value and Evaluation[J]. China Media Research, 2013,9(2):64-70.

济危机、人权、社会冲突等问题困扰。①

二、"非洲中心性":从非洲利益和价值观出发

随着近年来西方"好新闻""建设性新闻""解困新闻"的崛起,另一种区别于"他者"视角的非洲报道策略被国际媒体采纳,即从非洲利益和价值观出发,致力于报道非洲蓬勃发展的现实和积极正面的形象,被称为"非洲中心性"。

(一) 什么是"非洲中心性"

"非洲中心性"最早由阿桑特在1980年出版的《非洲中心性:社会变革的理论》(*Afrocentricity: The Theory of Social Change*)中提出。他认为:这是一种思维方式和行动,将非洲利益和价值观置于中心地位;在分析非洲现象时,将非洲人民置于中心;在行动和行为方面,最大程度上符合非洲意识和利益的行为是道德行为的核心。②这一概念对以欧洲中心性(Eurocentricity)为核心的西方认识体系提出了挑战。

"定位"(location)与"主体性"(agency)是"非洲中心性"理论的关键概念。"定位"强调立足于非洲自身的经验与价值观,要将文化与历史置于分析的中心与起点,在非洲的历史和文化情境之

---

① Ikon A O. UK Newspaper Coverage of Africa: A Content Analysis of the Guardian, and The Daily Mail from the Years of 1987-1989 And 2007-2009[EB/OL]. [2016-06-28]. https://lra.le.ac.uk/bitstream/2381/37931/1/2016IKONAOPhD.pdf.
② Asante M. The Western Media and the Falsification of Africa: Complications of Value and Evaluation[J]. China Media Research, 2013,9(2): 64-70.

中解读非洲,拒绝接受此前欧洲中心性一直赋予非洲文化与艺术的次等地位。"主体性"则强调赋予非洲在历史与世界舞台上的主体地位,而不是将其作为欧洲中心性框架内的研究对象。"非洲中心性"提供了一个理解人类文化多样性的非霸权主义的视角,强调对非洲认知与理解的整体性和完整性。阿桑特指出,要在相互尊重不同文化主体性的基础上,寻求实现一致性的方法,对以欧洲中心性为核心的知识体系进行详细审查,在非洲历史、文化、价值体系的基础上,重建非洲文化体系。①

(二)路透社对非传播策略的转向

2018年以来,路透社对其非洲传播策略进行了一系列调整。9月19日,路透社针对非洲大陆日益增长的移动和数字新闻消费需求,推出了移动优先的新闻视频服务"非洲杂志"(Africa Journal)。该服务每周为客户提供16个至20个英语短视频新闻包裹,素材同时适用于广播电视和数字化平台,既包括权威的商业与政治报道,也包括生活方式、社交、娱乐、体育等内容。②路透社提出,"非洲杂志"的目标是"全面报道非洲社会的多样性"。要立足于当地和全球视野,为受众提供来自非洲大陆的"独特见解",把"非洲最好的一面"呈现给非洲受众,在全球范围内把非洲置于"舞台中心"的位置。主编塞蕾娜·乔杜里表示:"通过'非洲杂志',我们正在利用我们的新闻专业知识,为报道非洲新闻提供一种新的途径……'非洲杂志'将通过一系列多媒体新闻报道展示非洲是

---

① Monteiro-Ferreira A. The Demise of the Inhuman: Afrocentricity, Modernism, and Postmodernism[M]. State University of New York Press, 2014.
② Reuters launches mobile-first news video service, Africa Journal[EB/OL]. (2018-09-19) [2018-11-26]. https://www.thomsonreuters.com/en/press-releases/2018/september/reuters-launches-mobile-first-news-video-service-africa-journal.html.

一个多么多样和充满活力的大陆。"①

其次,路透社在人员配置方面进行了一系列调整。3月,任命乔·巴维尔担任非洲财经记者,他具有对非洲17个国家长达12年的报道经验;奥马尔·穆罕默德被调任东非财经记者,他曾担任彭博通讯社驻坦桑尼亚通讯员。② 8月,任命非洲分社主编埃德·克罗普利为其金融评论与分析品牌"Breakingviews"的首位关注非洲经济问题的专栏作家,他自2009年起报道非洲,2015年起领衔路透社非洲分社。③

从上述调整中可以看出路透社在非洲市场报道策略的核心调整思路,"非洲中心性"在路透社对非传播的转向中有所体现。在内容上,路透社更加强调展现真实与全面的非洲,关注非洲的发展潜力、成就与挑战;在形式上,视频的战略重要意义日益凸显,为了适应移动和数字时代的受众需求,路透社强调移动优先的理念,提供不同格式、适用于不同平台的新闻素材;在人员配置上,路透社优先将具有非洲报道经验、更加了解非洲问题的记者派往非洲。

(三)从"路透非洲"和"非洲杂志"推文看 "非洲中心性"的萌芽

本章选取2018年10月28日—11月27日(共计31天)路透社在Twitter"路透非洲"(@reutersafrica)账号以及"非洲杂志"主编塞蕾娜·乔杜里帖文中带有话题"#非洲杂志"(#Africa Journal)的

---

① Africa Journal: African ready-to-publish video [EB/OL]. [2018-11-26]. https://agency.reuters.com/en/africa-packages.html.
② Reuters appoints new business and companies correspondents in sub-Saharan Africa[EB/OL]. (2018-03-19) [2018-11-26]. https://www.reuters.com/article/rpb-africa/reuters-appoints-new-business-and-companies-correspondents-in-africa-idUSKBN1GV22J.
③ Reuters appoints Ed Cropley as first Breakingviews columnist for Africa[EB/OL]. (2018-08-28) [2018-11-26]. https://www.reuters.com/article/rpb-cropley/reuters-appoints-ed-cropley-as-first-breakingviews-columnist-for-africa-idUSKCN1LD1FU.

视频作为样本,运用中国日报-中科院自动化所新媒体联合实验室的"全球媒体云"平台抓取数据,从发布主题、热门帖文、报道角度、语言风格等方面进行考察,试图勾勒出路透社在 Twitter 上对非传播策略的转变。

1. "路透非洲"

"路透非洲"作为路透社报道非洲议题的主要平台,它的发稿密集度较高。在为期一个月的周期内,"路透非洲"共发布 451 条帖文,平均每日发布量约 15 条,最高日发文量 24 条。去年同期总发布总量仅为 3 条。可见"路透非洲"发稿密集度高,对非洲议题给予了足够的关注与重视。

帖文主题主要集中在经济(44.12%)、政治(26.16%)、军事(17.29%)三个方面,而 1973 年路透社非洲报道在这三个领域的比例分别是:政治(40.28%)、经济(24%)、军事(15.63%)。[1] 可以看出,政治、经济与军事领域始终是路透社非洲报道的关注重点,但近年来非洲经济的重要性愈加凸显。

词频统计发现,帖文中除了"非洲""非洲人"及一些国家名称外,"银行""被杀害""反对派""石油"等词语出现频率高,可见"路透非洲"的推文紧紧围绕非洲的经济发展、政治冲突与能源问题(见表 13-1)。

表 13-1 "路透非洲"Twitter 平台发文词频统计

关键词	翻译	词频
bank	银行	34
killed	被杀害	20
opposition	反对派	20
leader	领导人	19

---

[1] Bishop R L. How Reuters and AFP Coverage of Independent Africa Compares[J]. Journalism Quarterly, 1975, 52(4): 654-662.

续表

关键词	翻译	词频
oil	石油	16
minister	部长	14
firm	公司	14
attack	袭击	13
security	安全	12
Ebola	埃博拉	11

经济方面,互动量前十名的热门帖文主要集中在企业、谈判、外资、能源领域,政治方面的热门帖文集中在党派斗争与外交关系,军事方面的热门帖文集中在恐怖袭击、武装斗争、人事任命等。值得一提的是,以马拉松赛跑与足球为代表的非洲体育成为帖文的一个特别议题。通过对热门帖文具体内容的分析,可以看出"路透非洲"在报道角度的选取上有以下特点:

关注西方资本对非洲国家的投资。非洲作为新兴经济体,近年来经济实现强劲增长,也是世界上吸收外国投资发展最快的地区。在一个月内经济类 10 条热门帖文中,有 6 条关于西方发达国家在非洲的投资。例如,2018 年 11 月 6 日,"路透非洲"发布的日产汽车宣布在加纳建立装配厂的帖文成为经济类帖文互动量第三名。路透社对非洲经济的报道尤其重视非洲能源与矿产资源的开发,如澳大利亚 Invictus 能源公司在津巴布韦发现石油与天然气、津巴布韦矿业资产中标者等。

关注党派斗争与选举政治,武装动乱仍是关注重点。国内动荡的局势、层出不穷的政治斗争仍然是路透社报道非洲政治的一个重点。在政治类帖文互动量前 10 名中,有 7 条与政治纷争相关,而恐怖袭击与武装斗争造成的伤亡情况占据了军事类热门帖文的 83.33%。

聚焦区域新闻。除了关注发达国家与非洲国家的关系,路透社还特别关注非洲内部国家与国家之间的外交关系,比如埃及与埃塞俄比亚关于尼罗河大坝的纠纷、厄立特里亚与埃塞俄比亚的外交局势等。

2."非洲杂志"

自路透社 9 月 19 日推出"非洲杂志"以来,"#非洲杂志"话题下共有 11 条相关视频,其中经济领域 5 条,政治、文化、社会领域各 2 条,除关于文化的 1 条视频外,时长均不超过 2 分钟。通过对视频内容的分析,可以看出"非洲杂志"的报道风格呈现出以下特点:

移动优先,视频为主。与"路透非洲"的"文字+链接"的呈现方式相比,"非洲杂志"多采用"文字+视频"的方式,文字简洁,视频多为不超过 2 分钟的短视频,符合移动社交平台的传播规律,短小精悍的表现形式更加贴合移动端受众的新闻消费习惯。此外,帖文擅长运用主题标签(#hashtag),用户可以根据标签找到相同主题的帖文,深谙主题标签在社交网络传播中的作用。

关注非洲欣欣向荣的经济发展。相比过去对于非洲经济危机、饥荒等问题的大量报道,"非洲杂志"更倾向于报道非洲巨大的发展潜力与良好的经济发展态势。比如,"非洲杂志"在 11 月 12 日发布了一条题为《从农作物到商店:南非应用程序促进了小规模农户的发展》(From crops to shops: the SA app boosting small-scale farmers)的视频,讲述了一个由非洲创业者自主开发的名为"Khula"的移动应用程序是如何将小型农户与超市直接对接的,这一应用程序使农作物的销售与运输更加便捷。视频所采用的语言风格也更为积极,多次采用"promising"(有希望的)、"change"(改变)等词汇。这类报道所提倡的"用非洲的方案解决非洲问题"的理念,立足非洲自身的发展情况,充分体现了非洲人民在解决自身发展问题上的主体性,与过去强调国际社会援助的发展理念有很大不同。

关注个体命运,小切口展现大背景。相比严肃的新闻报道,

"非洲杂志"更多关注个人故事,以小见大。比如,11月16日,"非洲杂志"发布题为《埃塞俄比亚籍女性移民成为黎巴嫩第一个移民电台节目的主持人》(*The Ethiopian woman starring in Lebanon's first migrant radio show*)的视频,讲述了在黎巴嫩工作的埃塞俄比亚人Tarikwa Bekele试图通过移民电台节目,增加黎巴嫩对埃塞俄比亚移民的了解,打破偏见与刻板印象。"非洲杂志"将非洲人的个体命运置于一个十分重要的位置,将非洲人民置于非洲发展的中心。

多元视角体现多样非洲。正如"非洲杂志"创办之初所言,它的目标是提供全面的、多样的非洲报道。"#非洲杂志"话题下的视频涉及了淘金、旅游、生活方式、移动互联网、艺术作品等多种内容,视角新奇有趣,拓宽了对非洲报道的广度,有助于受众了解一个多元真实的非洲。

三、结论与讨论:非洲社会多样性与全球新闻

可见,在新媒体时代,西方媒体逐渐认识到"他者"视角的弊病。非洲作为新兴经济体,无论是经济发展水平还是新媒体技术都在迅速发展,其移动与数字新闻受众市场的重要性不容小觑。在全球市场逐渐趋于饱和之际,非洲大陆成了全球增长最强劲的媒体市场。在"他者"视角下,非洲国家除非发生战争、暴力或危机,很少引起国际社会关注,这体现了"他者"视角存在视野局限与信息偏颇。西方媒体要占领非洲大陆具有巨大发展潜力的全新市场空间,必须要改变以西方中心论为核心的"他者"视角。路透社不仅提高了对非洲新闻的重视程度,还改变了传统的偏见、歪曲、失真的新闻框架,着力展现非洲巨大的发展潜力、良好的发展态势与充满魅力的社会多样性。

国际媒体未来全球传播的发展方向应是报道"全球新闻"。[①]与国际新闻相异,"全球新闻"是一个多元主体参与、多元利益诉求、较少涉及民族国家政治议程、面向全球受众的媒介行为。在新的传播环境下,国际媒体面向的受众是复杂而广泛的,新闻的消费者不太可能共享相同的民族国家参照系,因此,以服务国家利益和塑造国家形象为目的的国际传播,需要向基于全球受众信息交流的自发需要、超越一国立场并关注全球人类共同话题的全球传播转变。[②] 新媒体环境下国际新闻的发展方向应是体现不同国家特点、展现不同文化背景、尊重差异的"全球新闻"。

(原载《青年记者》2019年第1期,原题为《从"他者"视角到"非洲中心性":路透社对非传播的转向》,作者为刘滢、陈玉琪)

[①] 刘滢.新媒体环境下国际传播的转向与重构[J].新闻与写作,2018(10):78-81.
[②] 戴佳,史安斌."国际新闻"与"全球新闻"概念之辨——兼论国际新闻传播人才培养模式创新[J].清华大学学报(哲学社会科学版),2014(01):42-52.

第十四章

美联社打造全球新闻视频传播枢纽

新闻传播领域的跨国合作早已成为常态,平台与内容的联姻往往实现双赢,网络视频尤其如此。2018年3月,美联社拓展了与中国中央电视台旗下国际视频通讯机构CCTV+的合作,自此,"美联社视频中心"(AP Video Hub)的用户每天都可以在该平台获取由CCTV+提供的关于中国的视频新闻。中国共产党召开第十九次全国代表大会、美国总统特朗普访华等事件的视频新闻内容均在该平台备受瞩目。①这仅仅是美联社与其他国家媒体合作的一个缩影,基于视频中心平台,美联社正在试图盘活来自全球各个国家的优质新闻视频。

"美联社视频中心"建立于2012年4月,是可供电视媒体使用

---

① AP expands China video news offering with CCTV + collaboration [EB/OL]. (2018-03-07) [2018-05-05]. https://www.ap.org/press-releases/2018/ap-expands-china-video-news-offering-with-cctv-collaboration.

第十四章 美联社打造全球新闻视频传播枢纽

的全球在线视频分发平台。①迄今为止,这一平台每年发布网络视频新闻超过 50 000 条,不仅包含美联社及其合作机构的视频,还有用户自制内容(User-generated Content,UGC)。②平台上汇聚的视频包罗万象,分类包括全球突发新闻、娱乐新闻、体育新闻、科技新闻等。③此外,该平台还对部分新闻事件进行视频直播,以满足用户对时效性的更高要求。用户可登记个人信息注册账号,登录其页面,订阅并下载自己喜爱的视频内容。④

依托长期积累的视频资源,美联社近年来不断推陈出新,拓展合作渠道,在网络视频新闻的采集、制作和分发等方面推出了一系列新举措和新尝试,全球新闻视频传播枢纽初见雏形。本章对美联社网络视频合作的最新动向和趋势进行梳理总结,并分析其传播策略,为我国媒体的视频新闻传播提供借鉴。

一、汇聚优质内容:不拘一格开展合作

在互联网时代,尽管渠道和平台发挥着越来越重要的作用,优质的内容仍然是媒体的立命之本。内容的来源也不必拘泥于自家媒体,广泛引入其他机构的原创内容可以大大丰富品类多样性,留住用户。美联社深谙此道,在发挥自身新闻视频制作优势的同时,将橄榄枝伸向众多有实力的内容公司。汇聚优质的视频内容资源

---

① AP launches online video delivery platform for digital publishers[EB/OL].(2012-04-11)[2018-05-05]. https://www.ap.org/press-releases/2012/ap-launches-online-video-delivery-platform-for-digital-publishers.
② AP VIDEO HUB[EB/OL].[2018-05-05] https://apvideohub.ap.org/.
③ AP Video Hub: Website Walkthrough[EB/OL].(2013-07-31)[2018-05-05]. https://vimeo.com/71432520.
④ AP Video Hub: Getting Started[2018-05-05]. http://apcustomertraining.s3-website-us-east-1.amazonaws.com/ap-video-hub-getting-started/.

是美联社与各家相关机构合作的重要立足点,具体而言,合作伙伴主要包括以下三类。

(一) 视频网站

自 2014 年起,"美联社视频中心"开始接纳第三方视频内容,扩充其网络视频的数量和广度,以满足广大用户日益增长的需求。最先在该平台亮相的第三方新闻机构是 Newsflare,2014 年 8 月 18 日起,"美联社视频中心"的用户可在该平台观看 Newsflare 提供的突发新闻、天气、视频剪辑等内容。[①] Newsflare 是一家专门为全球媒体和新闻机构提供用户自制内容的网站,鼓励用户拍摄、制作并在其网站上传视频,出售给媒体公司。目前,该网站的用户包括专业摄像师和业余爱好者,购买其视频的媒体公司包括美联社、BBC、CNN、雅虎、Discovery、今日俄罗斯等,Newsflare 网站与视频上传者五五分成。[②]这项合作可以说是"多赢"——美联社收获的是更丰富的原创内容,Newsflare 网站与视频提供者则能取得实际的经济效益。

无独有偶,日本网站 Spectee 也与"美联社视频中心"建立了合作关系。Spectee 是一家实时发布用户自制内容的网络媒体,该平台通过人工智能技术大大缩减了分析和采集视频内容的时间。2017 年 6 月,美联社宣布与 Spectee 合作,吸纳该网站的用户自制视频新闻。接入该平台的内容后,"美联社视频中心"的用户可以更快地观看 Spectee 用户上传的全球各地的实时新闻、娱乐事件等

[①] AP to add third-party content to AP Video Hub[EB/OL].(2014-08-19)[2018-05-05]. http://www.snpa.org/stories/ap-to-add-third-party-content-to-ap-video-hub,28879.
[②] How Newsflare works[EB/OL].[2018-05-15].https://www.newsflare.com/about.

视频内容。①这次尝试大大拓宽了美联社网络视频新闻的内容来源,使用户生产视频内容业务的发展更进了一步。

(二)公关公司

除了视频网站外,美联社还与掌握多媒体内容的全球公关公司开展合作。2015年,美联社与Business Wire合作,接入其突发新闻以及娱乐、体育、历史等视频内容。②Business Wire是一家主要从事新闻稿发布和监管信息披露的全球领先公关公司,拥有50多年的历史。这家公司为客户提供在线新闻传播解决方案,帮助客户发布突发新闻、新闻稿、多媒体内容等,并鼓励客户使用视频发布新闻。③在这项合作中,Business Wire同样充当了美联社与内容提供者之间的桥梁,促进了原创视频的传播与推广。

(三)视频通讯社

主打视频的新闻通讯社是美联社的另一个合作方向。2018年3月,美联社与Cover Video开展合作,为用户提供动物世界、科技创新、名人采访等网络视频新闻。Cover Video隶属于Cover Images通讯社,娱乐和生活方式新闻及特写内容是其主攻方向。④本章开

---

① AP expands UGC on Video Hub with Spectee collaboration [EB/OL]. (2017-06-06) [2018-05-06]. https://www.ap.org/press-releases/2017/ap-expands-ugc-on-video-hub-with-spectee-collaboration.
② Business Wire's Video Content Is Now Featured On the AP Video Hub [EB/OL]. (2015-08-17) [2018-05-06]. https://businesswired.wordpress.com/2015/08/17/business-wire-partners-with-ap-video-hub-to-increase-visibility-of-video-news-release-assets/.
③ About Us [EB/OL]. [2018-05-15]. https://www.businesswire.com/portal/site/home/about/.
④ Cover Video brings buzzy, shareable editorial content to AP Video Hub [EB/OL]. (2018-03-27) [2018-05-06] https://www.ap.org/press-releases/2018/cover-video-brings-buzzy-shareable-editorial-content-to-ap-video-hub.

头提到的美联社与CCTV+的合作也是这方面的典型案例,除了中国新闻外,后者还提供中国视角的国际新闻。

迄今,"美联社视频中心"的内容提供商已经初具规模。该平台网络页面显示,截至2018年5月,共有19家新闻机构成为其内容合作伙伴(见图14-1),美联社用户可通过首页点击相应图标跳转到第三方视频内容页面。①

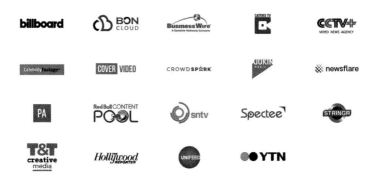

图14-1 "美联社视频中心"第三方视频内容提供商

二、夯实技术基础:把关与晋级

新闻信息内容在世界范围内的广泛流动离不开技术的强有力支撑,视频尤其如此。由于当前网络视频鱼龙混杂,假新闻泛滥,美联社把技术建设的重点放在了真实性核查上。与此同时,美联社为网络直播时代的到来打造了新的晋级平台。

---

① AP VIDEO HUB[EB/OL].[2018-05-06].https://apvideohub.ap.org/.

（一）把关：启动"社交新闻专线"

真实性是新闻的生命，"把关人"在新闻真实性的核查方面能否负起责任关系到媒体的声誉。2017年5月，美联社宣布启动"社交新闻专线"。借助社交网络用户自制内容管理平台SAM的技术支持，美联社的专家可实时对用户上传的视频内容进行追踪、验证，并核查新闻的真实性。与SAM的合作使美联社网络视频新闻业务实现了内容和技术的融合，用户不仅可以对编辑发现、制作和发布用户自制内容的过程进行监测，还可以进入"新闻编辑室"，通过嵌入代码，将合适的用户自制内容无缝对接到自己的报道中。① 这一"社交新闻专线"的建立，为美联社网络视频业务的发展和进步提供了强有力的技术支持和平台保障。

（二）晋级：建立全球"直播社区"

视频新闻虽能直观反映事实，增强新闻事件的画面感，但因其拍摄、制作的需要，往往会影响新闻的时效性，造成一定程度的滞后。为解决这一问题，视频直播日益成为用户需求新的增长点，许多媒体都在尝试运用新技术、新平台对新闻事件进行视频直播。美联社也做出积极的尝试，在直播报道方面取得了较为领先的进展。2017年9月，美联社与视频直播内容提供商LiveU开展合作，上线"美联社直播社区"（AP Live Community），成立全球首个视频直播新闻内容的聚集和交互平台。该平台于2017年9月15日在阿姆斯特丹正式上线，借助LiveU的视频结合传输技术，将全球各

---

① AP collaborates with SAM to launch AP Social Newswire[EB/OL].(2017-05-16)[2018-05-06]. https://www.ap.org/press-releases/2017/ap-collaborates-with-sam-to-launch-ap-social-newswire.

地的直播内容发布者联系起来,对全世界突发新闻进行直播报道。具体而言,在该平台注册的所有直播内容提供商通过 LiveU 的自动配对技术无缝对接到其服务器,由此,全球各地的直播内容在这一社区实现了交互连接,最大限度缩小了成本。①

三、巧用分发渠道:借助社交网络传播

在网络视频的生产传播链条中,渠道是不可或缺的一环,也常常是制胜环节。为了将丰富优质的内容有效分发,在世界范围内传播开来,美联社积极拓展渠道,将目标锁定了拥有大规模全球受众的 Facebook、YouTube、Twitter 等社交网络平台,使美联社视频的品牌影响力大为提升。

美联社在上述三大社交网络平台上的网络视频传播均取得较好的效果,传播形式较多样,包含短视频、直播、VR 全景视频等。其中,YouTube 平台发布的所有报道均为视频内容,另外两个平台在文字、图片等报道的基础上,辅以视频内容对新闻事件进行直观呈现。我们运用中国日报-中科院自动化所新媒体联合实验室"全球媒体云"平台抓取数据,对美联社及路透社、法新社、新华社四家世界性通讯社 2017 年在 YouTube 平台的视频传播情况进行统计,结果如表 14-1 所示。尽管美联社日均视频量仅为 10 条左右,全年不过 3736 条,但是从粉丝数量、总播放量和总点赞量来看,数目还是相当可观的,从一定程度上可以反映美联社网络视频的质量及传播效果。在与其他三家通讯社的传播情况对比时,我们发现,美

---

① AP launches next-generation live video exchange newsgathering platform [EB/OL]. (2017-09-15) [2018-05-04]. https://www.ap.org/press-releases/2017/ap-launches-next-generation-live-video-exchange-newsgathering-platform.

联社 YouTube 账号的粉丝数量遥遥领先,比居于第二位的路透社多出 50 万人以上。并且,2017 年全年,美联社账号粉丝增加数量十分可观,平均点赞量也较为领先,这说明美联社的视频内容在 YouTube 平台深受用户喜爱,发展势头强劲。

表 14-1　四家世界性通讯社 2017 年在 YouTube 平台视频传播情况

媒体机构	粉丝数量	粉丝变化量	视频总量	日均视频量	总播放量	平均播放量	总点赞量	平均点赞量
美联社	754 474	+114 335	3736	10.24	7 850 650	2101.35	84 548	22.63
路透社	199 489	-72	3434	9.41	9 283 876	2703.52	70 292	20.47
法新社	177 869	+60 621	7766	21.28	6 919 571	891.01	46 280	5.96
新华社	141 814	+61 182	6065	16.62	14 218 684	2344.38	136 445	22.50

注:数据截至 2017 年 12 月 31 日。

此外,对于重大新闻事件,美联社还在社交网络平台进行系列专题报道。2017 年,恰逢英国女王伊丽莎白二世登基 65 周年之际,美联社在 YouTube 平台开启专题频道,利用其获取的早期有声电影资料,对英国君主家族以及全世界王室的历史情况进行报道。该专题共包含 3000 多条视频,其中多数为美联社独家内容。[1]

而在 Facebook 平台,美联社进行了直播的尝试。2017 年 9 月 13 日,美联社上线"新闻人物"(Newsmaker)系列采访直播,在其 Facebook 页面的直播过程中,社交网络用户也可以提交问题,参与采访。当天,美联社对美国众议院发言人保罗·瑞恩(Paul Ryan)进行了直播采访。[2]

---

[1] AP showcases extensive British Movietone royals footage on YouTube[EB/OL]. (2017-02-06) [2018-05-06]. https://www.ap.org/press-releases/2017/ap-showcases-extensive-british-movietone-royals-footage-on-youtube.

[2] AP to stream Washington interview series on Facebook Live[EB/OL]. (2017-09-11) [2018-05-06]. https://www.ap.org/press-releases/2017/ap-to-stream-washington-interview-series-on-facebook-live.

四、趋势：融合发展与技术引领

美联社在网络视频方面推出的一系列新举措取得了一定的效果，有利于视频新闻业务的革新和进步。这些举措在内容采集、分发、制作等方面促进了网络视频的发展，同时，通过拓展合作，美联社还汲取全球各地媒体和机构的技术和内容之长，不断创新，朝着打造全球新闻视频传播枢纽的目标不断迈进。综合上文分析，不难看出以下趋势：

第一，专业新闻视频与用户自制内容将实现融合发展。媒体机构生产的专业新闻视频与互联网用户上传的自制视频内容各有所长，前者具有较强的专业性，在内容策划、权威性、画面质量、剪辑技术等方面都拥有较高的水准，而后者却能弥补专业视频在时效性、内容的广度和趣味性等方面的不足。二者的结合将成为新的发展趋势，在数量和质量、深度和广度等方面促进网络新闻视频的传播，为全球受众提供更好的视频新闻体验。

第二，技术将进一步发挥引领和驱动作用。新技术的发展不断驱动新闻生产和内容传播的进步，视频新闻的发展对技术的依赖也十分显著。无论是视频内容的采集、生产，还是聚合、制作与分发，都将通过技术的革新实现新的飞跃。美联社与SAM、LiveU的合作使其在技术方面取得领先地位，为视频新闻的真实性和视频直播提供了进一步的技术保障。未来，技术将进一步改变视频新闻的传播样态和互动方式，引领这一行业的发展方向。

第三，社交网络将在未来较长一段时间继续充当新闻视频的重要全球传播平台。社交网络作为全球流行的社会化媒体形态，因其特有的便捷性、交互性和传播的延展性，为网络新闻视频的分发和二次传播提供了有力的平台支持。无论是对重大事件的专题报道、系列直播还是日常新闻视频传播,社交网络都能灵活驾驭。目前来看,社交网络的全球受众覆盖范围最广,触达效果最好,短时间内不会被其他传播渠道取代。

（原载《青年记者》2018 年第 16 期,原题为《打造全球新闻视频传播枢纽——美联社网络视频发展新趋势》,作者为刘滢、吴潇）

第十五章

美联社应用区块链技术的战略重点

随着对区块链技术了解的不断深入,国际媒体开始向相关公司伸出橄榄枝。2018年8月28日,美联社与区块链平台Civil媒体公司达成合作协议,专业新闻机构与区块链技术的联姻由此开启。①区块链是一种用于发现、评估和转移事物的所有离散单元的组织范式,被视为一场新的革命。②区块链技术能否为新闻传播领域带来新的活力?数字加密货币(cryptocurrency)能否为新闻产业提供支持?此类话题成为学界和业界讨论的焦点。

此次与美联社合作的Civil是美国的一家初创企业,该公司试图将区块链技术与传媒产业相结合,打造区块链新闻平台。③ Civil称其正在建立新闻业的新经济,作为一个由顶级新闻记者和技术

---

① AP to stream Washington interview series on Facebook Live [EB/OL]. (2017-09-11) [2018-05-06]. https://www.ap.org/press-releases/2017/ap-to-stream-washington-interview-series-on-facebook-live.
② Swan M. Blockchain: Blueprint For A New Economy [M]. "O'Reilly Media, Inc.", 2015.
③ 同上。

人员组成的快速成长社区,该平台将服务于新闻业公信力的提升,以及可持续发展。①凭借区块链技术,该公司旨在建立"去中心化"的新闻市场,通过独立的新闻编辑室,使记者与公民之间的关系更加直接、透明。在该平台上,消费者、内容生产者、事实核查者和出版商共同决定组建什么样的编辑室,以及发布什么样的内容。为了实现这一"去中心化"的目标,平台上的新闻活动将由基于区块链技术的"代币"(token,也译作"虚拟货币")——CVL来进行管理。②

美联社此次与 Civil 的战略合作协议包括两个部分:一方面,美联社将授权 Civil 平台的所有新闻编辑室使用其内容;另一方面,双方共同开发区块链技术,运用 Civil 平台的新闻编辑室追踪美联社内容传播动向,并严格执行内容许可权。美联社企业发展与战略副总裁吉姆·肯尼迪(Jim Kennedy)说,为美联社新闻业务寻找新客户是其对 Civil 的首要兴趣,但保护知识产权也很重要。③如此一来,美联社实现了维护内容版权和拓展新客户的双重战略布局。

一、维护内容版权:去中心化的技术追踪

新闻内容的版权问题由来已久,媒体发布的原创内容被无偿转载甚至"洗稿"是传媒业屡见不鲜的问题。进入互联网时代,新媒体蓬勃发展,内容生产、分发都变得更加方便快捷,有些网站或

---

① Civil[EB/OL].[2018-09-06].https://civil.co/.
② The Civil white paper[EB/OL].[2018-09-06].https://civil.co/white-paper/.
③ Swan M. Blockchain: Blueprint For A New Economy[M]. "O'Reilly Media, Inc.", 2015.

自媒体账号甚至以免费转载新闻内容为生，原创内容未经授权便被使用成为专业媒体"头疼"的问题。正如美联社的吉姆·肯尼迪所说，当你授权一家传统媒体公司使用内容时，你可以很好地追踪这些内容；但在互联网上，这不是件易事，内容一旦发布，就可以被随意复制、摘取和粘贴。"过去，我们只是担心人们免费使用它，但现在会有人将这些内容用来制造假新闻和错误信息。"吉姆如是说道。① 在网络传播环境下，传统媒体可能被商业门户网站、"今日头条"等互联网新闻聚合应用、新媒体运营者侵犯内容版权，并面临陷入新闻版权纠纷的风险。②

面对传媒业的这一痼疾，许多国家从立法角度支持新闻内容版权的维护。美国的《千禧年数字版权法》、英国的《数字经济法》、德国的《附属版权法案》、意大利的《意大利版权法》等都做出相关规定，为媒体新闻内容版权的保护提供法律保障。③

此外，媒体自身也在不断寻求新方式，采取新举措，试图解决新媒体生态下新闻版权的维护问题。在这些举措中，最为常见的是通过付费阅读来保护原创内容的版权。媒体的付费阅读模式主要包括硬性付费墙和软性付费墙两种，即分别对所有内容或部分内容进行收费。④ 美国的彭博社和《华尔街日报》、英国的《金融时报》等媒体网站采取硬性付费墙模式，用户需订阅才能获取内容；日本的《朝日新闻》、美国的《纽约时报》等媒体网站则通过软性付费墙的方式，对部分内容收取费用。此外，荷兰的新闻聚合网站 Blendle 和中国的"财新"等媒体采用单篇付费的方式维护内容版权。

除了付费阅读外，一些媒体还达成共识，成立专门机构来维护

---

① Swan M. Blockchain: Blueprint For A New Economy[M]. "O'Reilly Media, Inc.", 2015.
② 王星. 网络传播环境下新闻版权问题的演变与应对[J]. 传播与版权,2016(05): 178-179.
③ 惠东坡. 西方国家新闻版权保护的举措与借鉴[J]. 中国记者,2014(07): 34-36.
④ 张天培. 国外媒体付费阅读模式的新探索[J]. 新闻战线,2018(05): 49-51.

第十五章 美联社应用区块链技术的战略重点

内容版权。英国的八家报纸公司曾组建报纸授权管理局（Newspaper Licensing Authority），通过集体授权的方式维护行业版权。①该机构通过独占许可的方式，代表出版商管理媒体监控的版权，其职权范围涵盖了超过1350家全国性、地区性和外国报纸；2000多家杂志和1100多家报纸网站。②

美联社此前也曾做出尝试，通过追踪技术来强化内容版权的维护。2009年，美联社宣布建立"新闻登记处"（News Registry），该系统覆盖美联社及其客户的新闻、图片、视频等内容，使用一个内置的"信标"（Beacon）来识别、记录并追踪内容被非法使用的情况，并将这些情况告知美联社。③ 这一做法相当于在其发布的内容页面代码中嵌入"信标"，如果有人通过手动或自动方式将内容复制到自己的网站上，"信标"也会跟随。然而，这一措施也存在局限性。如果用户有意无意地将信标移除，系统将难以追踪内容被使用的情况。④

如今，区块链技术为维护新闻版权提供了新的可能，并弥补了美联社"信标"的局限性。区块链可以成为知识产权的注册系统，记载和存储原创作品，这被认为是区块链技术最显著的应用之一。通过将原创作品注册到区块链中，可以使版权作者、所有者和用户变得更加明晰。更重要的是，区块链交易具有不可篡改性，因此，一旦一个作品被注册，该信息就永远不会丢失或更改。⑤ 应用区块链技术维护新闻版权，可利用其去中心化的节点网络对原创作品的"交易"进行

---

① Who we are[EB/OL].[2018-09-08]. http：//www. nlamediaaccess. com/default. aspx? tabid=126.
② What we do[EB/OL].[2018-09-08]. http：//www. nlamediaaccess. com/default. aspx? tabid=127.
③ Associated Press plans tracking system to enforce its rights online[EB/OL].(2009-07-24)[2018-09-08]. https：//www. theguardian. com/media/2009/jul/24/associated-press-ap-web-piracy-tracking.
④ What The Associated Press' tracking beacon is – and what is isn't[EB/OL].(2009-08-13)[2018-09-08]. http：//www. niemanlab. org/2009/08/what-the-associated-press-tracking-beacon-is-and-what-it-isnt/.
⑤ Blockchain technology and IP[EB/OL].[2018-09-08]. https：//www. taylorwessing. com/download/article-blockchain-technology-and-ip. html.

追踪、查询和证明,具有可操作性、可扩展性和安全性高的特点。①

美联社此次与 Civil 的合作便是利用区块链的这一优势实现对内容版权的维护。某种程度上,美联社面临的担忧与直接接触消费者的数字出版商不同,它面临的是大量的内容生产商以及内容发行商,他们是付费得到授权的合作伙伴,同时也会为了自身目的复制粘贴美联社的内容。维持对所有内容分发的控制,并监控其是否合法,这是一个长期目标。②

Civil 创始人兼首席执行官马修·埃尔斯(Matthew Iles)认为,在维护内容版权方面,区块链技术的目标有两个:一是让出版商和内容生产者更容易对内容进行授权;二是让他们更容易追踪内容未经许可便被使用的情况。内容生产者无法控制其内容的所有传播渠道,但区块链可以更加有效地跟踪价值链条并确保内容生产者获得赞誉和补偿。③ 利用 Civil 的区块链技术,对内容分发渠道和被使用情况进行追踪,防止知识产权被非法侵犯以及假新闻的滋生,美联社在维护内容版权方面迈出了重要一步。

二、寻找新客户:区块链新闻平台上的内容使用者

传统意义上,新闻通讯社的客户一般为报纸、广播、电视等专业性大众媒体。作为大规模的"内容工厂",通讯社通常不直接与

---

① 吴健,高力,朱静宁. 基于区块链技术的数字版权保护[J]. 广播电视信息,2016(07):60-62.
② The AP has another plan to track its content across the Internet, and this time it involves blockchain, naturally[EB/OL]. (2018-08-28)[2018-09-28]. http://www.niemanlab.org/2018/08/the-ap-has-another-plan-to-track-its-content-across-the-internet-and-this-time-it-involves-blockchain-naturally/.
③ Swan M. Blockchain: Blueprint For A New Economy[M]. "O'Reilly Media, Inc.", 2015.

广大受众发生联系,而是凭借其专业化的新闻写作和遍布全球的记者网络,为其他媒体客户提供新闻内容。

然而,在互联网时代,这一切发生了巨大改变,通讯社的发展面临着许多机遇和挑战。网络成为通讯社的内容出口,使其摆脱传统业务模式,可直接面向受众发布新闻内容;同时,网络媒体的迅速发展也为通讯社拓展客户提供了新的可能性。自媒体、网站、公关公司、技术公司、社会化媒体等都有可能成为通讯社的新客户。

与 Civil 的合作进一步拓展了美联社的客户群,此后,Civil 区块链新闻平台上的所有新闻编辑室均被直接授权使用美联社的内容。[1] 通过这一合作,美联社的客户群体有了区块链新闻公司的加盟;同时,Civil 平台上签约的所有媒体公司和内容创作者都成为美联社的间接客户。

Civil 通过独立的新闻编辑室形成去中心化的新闻市场,每个新闻编辑室都将为用户创造额外价值。一旦平台上线,任何人都可以申请启动一个新闻编辑室。具体而言,一个新闻编辑室的运作需经历四个步骤:(一)提交一个"任务",概述新闻编辑室的目的、意向社区、从社区筹集资金的计划以及管理资金的方式;(二)提交一份"登记簿",包括在新闻编辑室担任领导和从事工作的相关凭证;(三)签署 Civil 的协议,作为遵守其准则的保证;(四)标注 CVL 代币,用来连接 Civil 平台和以太坊区块链,并管理平台上的所有"交易"。[2] 以太坊(Ethereum)是一个公开源代码的有智能合约的公共区块链平台,通过其专用加密货币以太币

---

[1] Civil and The Associated Press to Collaborate on Blockchain-Based Content Licensing [EB/OL]. (2018-08-28) [2018-09-09]. https://blog.joincivil.com/civil-and-the-associated-press-to-collaborate-on-blockchain-based-content-licensing-c7211f5ae7fa.

[2] The Civil white paper[EB/OL]. [2018-09-06]. https://civil.co/white-paper/.

(Ether)提供去中心化的虚拟机来处理点对点合约。①

目前,Civil 拥有 14 个新闻编辑室,包括地方新闻、调查新闻、政策新闻、国际新闻四种类别。这些新闻编辑室的发起者和运行者包括媒体机构、创业企业以及一些编辑、记者等媒体人。② 根据合作协议,他们经过授权可以使用美联社的内容,成为美联社的客户。

Civil 平台与全球众多媒体机构开展合作,这使得美联社的客户群体得以不断拓展。2018 年 7 月,Civil 宣布与新加坡媒体公司 Splice 达成合作协议,在亚洲投入一百万美元的资金,帮助启动和促进 100 家亚洲新媒体公司。Splice 致力于亚洲媒体的转型,将于 2019 年开始向媒体创业者提供资金支持,并帮助他们确定运营模式,而 Splice 本身也是 Civil 平台其中一个新闻编辑室的运行者。③ Civil 创始人埃尔斯表示,该公司在未来几周还将宣布更多的合作。④

三、启示:区块链技术与新闻业变革

通过与区块链新闻机构 Civil 的战略合作,美联社将区块链技术应用到新闻业务当中,试图实现维护内容版权和拓展用户群体的双重目标。通过上述分析,不难看出以下特点:

第一,区块链技术或将成为推动新闻业变革的关键力量。

---

① 赵云泽,杨启鹏.区块链技术推动新闻业变革[EB/OL].(2018-07-05)[2018-09-20]. http://ex.cssn.cn/zx/bwyc/201807/t20180705_4496190.shtml.
② Meet the Newsrooms running on Civil [EB/OL]. [2018-09-09]. https://civil.co/newsrooms/.
③ The Splice 100|Our Commitment to Supporting 100 Asian Newsrooms[EB/OL].(2018-07-30)[2018-09-09]. https://blog.joincivil.com/the-splice-100-our-commitment-to-supporting-100-asian-newsrooms-24765ff30a3c.
④ Swan M. Blockchain: Blueprint For A New Economy[M]. "O'Reilly Media, Inc.", 2015.

内容和技术一直是媒体行业发展的"双翼",新型信息技术的发展往往成为促进内容传播的驱动力。作为区别于互联网的新型技术,区块链具备去中心化的特点和数字货币的运行模式,初期多应用于金融、物流等领域。可喜的是,新闻业近年来也逐渐关注和重视这一技术,并将其运用到传媒发展中。美联社和区块链新闻机构 Civil 达成合作协议,让人们看到了传统媒体在转型升级中应用区块链技术的可能性。一方面,区块链可为传统媒体的内容版权维护提供区别于以往模式的追踪技术;另一方面,基于区块链打造的新型新闻市场也为传统媒体提供了更加广阔的客户群体。这两方面的合作反映了区块链技术对于推动新闻业变革的促进作用。

第二,技术将在知识产权维护方面发挥至关重要的作用。

传统意义上,在面临知识产权问题时,更多关注点集中在法律层面,人们从各个角度探索维护知识产权在立法上的建树。当涉及媒体的内容版权时,大多数已有的方法集中在内容付费和行业自律上。区块链技术不仅可以通过点对点的去中心化模式对媒体内容进行追踪、记录和反馈,而且可以凭借其特有的优势弥补美联社此前采用的"信标"追踪技术的不足。因此,在知识产权的维护过程中,技术的力量和作用不可小觑。

第三,内容聚合平台仍然是未来新闻业的重要发展方向。

在新的技术背景和新的传媒生态下,内容生产和传播的方式都发生了变化。内容聚合类平台越来越受青睐,也成为媒体整合内容和聚拢用户的有效渠道。Civil 打造的去中心化新闻市场便是一个聚合各类新闻编辑室的平台,通过不同类型媒体的加盟,该平台实现了内容的整合和用户的聚集。而作为专业媒体的美联社自身也在试图打造此类内容平台。"美联社视频中心"是美联社建立的全球新闻视频传播枢纽,该平台聚集了众多视频网站、公关公司和视频通讯社的视频资源。① 可以预见,在今后一段时间内,通过平台型机构整合内容和聚拢用户会成为重要趋势。

(原载《青年记者》2018年第31期,原题为《维护内容版权与寻找新客户——美联社应用区块链技术的战略重点》,作者为刘滢、吴潇)

---

① 刘滢,吴潇. 打造全球新闻视频传播枢纽——美联社网络视频发展新趋势[J]. 青年记者,2018(16):79-81.

第十六章

全媒体背景下的新加坡报业

媒体融合的大潮在全球范围内汹涌澎湃,各个国家的报业纷纷向数字化转型,创新举措层出不穷,有"亚洲四小龙"之一美誉的新加坡也不例外。面对传统印刷媒体急剧下滑、新媒体迅猛增长的大趋势,新加坡报业正厉兵秣马,提升数字内容生产能力和数据分析能力,围绕受众的移动阅读、跨平台、个性化等需求,着力打造全媒体内容生产链,推动报业进入新的发展阶段。

新加坡是一个多元文化的国家,其报业也以多语种为鲜明特色,包括英语、中文、马来语、泰米尔语等。新加坡报业控股有限公司(简称"新加坡报业控股")和新加坡传媒公司(简称"新传媒")堪称新加坡传媒领域的"双雄"。在报业市场上,前者由于拥有众多报纸品牌,更具有规模优势。来自《新加坡报业控股年度报告2018》的数据显示,该公司旗下的报纸平均每日发行量(包括印刷版和数字版)总计96.44万份,比上年增长4%;其中,每日数字版发行量为39.12万份,比上年增长37%,来自媒体和在线分类广告的数字产品收入份额已经增至媒体总收入的 15%。① 本章以新加坡报业控股为主要分析对象,兼顾新传媒的相关业务,探索全媒体环境下新加坡报业发展的新动向和新趋势。

一、政策、资金与竞合

新加坡报业控股成立于 1984 年,是亚洲领先的媒体机构,最大的特色是多语种、跨平台。其核心业务是出版印刷和数字报纸、杂志和书籍,同时拥有一些数字产品、在线分类广告、广播电台、户外媒体及其他多元经营业务。旗下拥有英语/马来语/泰米尔语媒体集团和华文媒体集团两大媒体集团。近年来新加坡报业控股推行的"数字优先"战略取得了显著成效。正如《海峡时报》(*The Straits Times*)评论副主编莉迪亚·林(Lydia Lim)所说,新加坡报业控股正在寻找吸引受众的更好方法,学着"像新成立的公司那样创新"。②

(一) 政策和资金保障

早在 2003 年,新加坡媒体发展管理局就发布了《媒体 21:将新加坡转型为全球媒体城》蓝图,战略重点之一就是部署数字媒体。具体举措包括:吸引高端数字制作公司入驻新加坡,培养数字人才及培训相关技能,建立一个能够支持计算机动画和虚拟电影

---

① Singapore Press Holdings Limited. SPH Annual Report 2018[EB/OL]. [2019-02-20]. www.sph.com.sg.
② Lydia Lim. When a media giant learns to innovate like a start-up[EB/OL]. [2019-02-20]. https://www.straitstimes.com/opinion/when-a-media-giant-learns-to-innovate-like-a-start-up.

工作室的多学科数字后期制作工作室,推动数字内容制作,在全国范围内推动部署数字媒体服务等。① 新加坡报业控股正是在这样的政策指引下大力推动数字媒体的发展,使传统报业的转型逐步取得成效。2014 年初,报业控股集团成立了新媒体基金,拿出 1 亿新元(约合 5 亿元人民币),用于新媒体项目投资。② 政策和资金上的助力使新加坡报业的数字产品迅速壮大起来。从 2013 至 2018 财年,该公司的数字产品收入增长了 17%。③ 数字化已经渗透到报业生产链的各个环节,报业不仅已经全面触网,而且正在进入全媒体时代,采用各种新技术手段抵达受众。

(二)数字版与印刷版捆绑

订阅收入一直是报业的重要收入来源之一,随着越来越多的读者习惯于为数字版内容付费,新加坡报业开始把数字版、印刷版整合销售。2018 年,报业控股旗下《海峡时报》推出"优质订阅包"以满足不同订户的阅读需求。付费订户可以阅读独家、获奖的内容,包括第一手的报道、深度评论以及令人有身临其境之感的交互式图像。这一举措颇有成效,全年新增订户超过 1 万。《海峡时报》是一份历史悠久的英文报纸,创刊于 1845 年,也是新加坡发行量最大的报纸,2018 年 8 月印刷版和数字版发行量总计约为 37 万,这一数据包括《星期日时报》(The Sunday Times)的发行量。④ 捆绑订阅的办法有效提升了报纸的发行量,既满足了读者的个性

---

① Media Development Authority Singapore. Media 21: Transforming Singapore into a Global Media City[EB/OL].[2019-02-20]. https://mn.gov/mnddc/asd-employment/pdf/03-M21-MDA.pdf.
② 南都网.新加坡报业集团拿出 5 亿投新媒体[J].青年记者,2014(12): 94.
③ Singapore Press Holdings Limited. SPH Annual Report 2018[EB/OL].[2019-02-20]. www.sph.com.sg.
④ 同上。

化阅读需求,也使优质内容的价值得到体现。

(三) 合建媒体交易所

报业控股与新传媒可以说是典型的竞合关系,在新闻市场上,两大媒体公司为了独家新闻和时效性,经常有白热化的激烈竞争;在数字媒体领域,二者各有所长,又成为亲密战友,展开通力合作。2018年5月,报业控股与新传媒合作推出新加坡媒体交易所(Singapore Media Exchange)。这是一个数字广告交易平台,两大媒体巨头将优质数字资源汇总,为瞄准新加坡市场的各大广告主提供服务。① 通过这一平台,广告主可以一站式选择投放数字广告的各类目标媒体,确定整合营销传播方案。两大媒体公司也可以利用"一加一大于二"的双赢效果,共享广告市场的蛋糕。

(四) 免费报仅留一家

在免费报的去留问题上,两大媒体集团做出了不同的决定。隶属于新传媒的免费报《今日》(*Today*) 2017 年开始不再出印刷版,全面转为数字报。新加坡报业控股旗下的《新报》(*The New Paper*)成为唯一的免费报,2018 年停出周末版,只在工作日发行。《新报》是一份英文新闻报纸,创刊于 1988 年,其读者主要是专业人士、经理、高管和技术人员。② 伴随数字化转型的进一步深入,特别是读者向数字媒体全面迁徙,《新报》也有可能进一步压缩印刷版发行量或转为数字报。

---

① Singapore Media Exchange. Redefining Premium Programmatic [EB/OL]. [2019-02-21]. http://smx.sg.
② Singapore Press Holdings Limited. SPH Annual Report 2018 [EB/OL]. [2019-02-20]. www.sph.com.sg.

二、内容与技术的联姻

综观新加坡报业的发展趋势,技术的引领作用已经充分凸显出来。在向全媒体迈进的过程中,新加坡报业向技术公司、计算机研究所等机构伸出橄榄枝,通过各个项目的合作与对接,为媒体内容插上了科技的翅膀。

美国互联网巨头谷歌公司是新加坡报业控股的重要合作伙伴。2017年,报业控股就采用了谷歌公司的企业软件(G Suite),以提升内部工作效率,使编辑部朝着智能化方向迈进。2018年,又开始使用"谷歌分析360"套件(Google Analytics 360),这一套件包含6个数据产品,为企业用户提供全方位的数据分析服务。与此同时,报业控股还与"谷歌新闻倡议"(Google News Initiative)项目合作,为媒体公司提供技术支持。2018年4月,报业控股再次与谷歌公司携手,允许"谷歌家庭"(Google Home)设备用户收听《海峡时报》《商业时报》及MONEY FM 89.3电台的新闻和播客。订购《海峡时报》"全数字包"或"全数字+印刷包"的用户会收到一个免费的谷歌智能音响(Google Home Mini)。[1] 这一系列合作使报业控股的内部运营和外部传播均受益于谷歌公司的先进技术,"外援"的加入使传统报业焕发新的生机与活力。

另一个合作伙伴是新加坡最大的研究机构A*STAR的高性能计算研究所。报业控股与这家研究所合作建立了一个系统,用于优化新闻标题,使之在网络上具备高传播性,以提升用户的参与和媒介素养。基于高性能计算机研究所的情绪和情感分析专利技

---

[1] Singapore Press Holdings Limited. SPH Annual Report 2018[EB/OL]. [2019-02-20]. www.sph.com.sg.

术,编辑记者和技术人员联合,首先识别出新闻标题中可能使文章受欢迎的相关元素,然后开发出一套系统,进行影响性分析,以通过标题来预测文章的病毒式传播可能性。[1] 报业控股的记者们运用这一系统为他们的文章测试不同的标题,然后从中选择一个更能有效激发读者兴趣、抓住读者注意力的标题。这样一来,内容在全媒体环境下的传播效果将大大增强,同时有助于媒体影响力的提升。

报业控股一直致力于增加阅读收入,特别是数字产品订阅收入。报业控股与总部在挪威的一家公司(Cxense ASA)合作,通过配置该公司的转换引擎(Cxense Conversion Engine),为动态付费墙和个性化的用户阅读路径提供一种新的机器学习驱动解决方案,从而跨媒体平台推动订阅数量的增长。通过数据分析,使静态的付费墙变得更灵活,内容可以根据读者的喜好实时自动开启或锁住。[2] 付费墙是互联网模式下传统媒体维护内容产权的法宝,新技术使付费墙演变出多种形态和实现方式,更能适应读者的不同需求,代表了全媒体背景下内容收费的发展趋势和方向。

三、多平台齐发力

全媒体不仅体现在技术的应用上,更体现在平台的多元、多样,新闻信息的呈现是立体而丰富的,即"全息媒体"。在这方面新加坡报业的表现也可圈可点,特别是华文媒体。2017年12月,报业控股旗下的华文媒体集团重组,组建了华文媒体集团新闻中心,

---

[1] Singapore Press Holdings Limited. SPH Annual Report 2018[EB/OL]. [2019-02-20]. www.sph.com.sg.
[2] 同上。

整合《联合早报》《联合晚报》和华文媒体集团数字部门的内容资源，建立"中央厨房"，按需为各个华文印刷、数字和广播平台提供模块化或定制的新闻报道。

2019年1月25日，新加坡报业控股华文媒体集团在多个平台推出新加坡开埠两百周年纪念系列《新加坡前传》，通过聚焦新加坡700年的历史，特别是强调前殖民时代和19世纪的历史，来鼓励人们重思新加坡过去的共同叙事。这一系列包括五章，每章探究新加坡历史上的一个重要话题。这些内容通过多个平台展示，包括互动网站、3D博物馆、5集视频系列和《联合早报》上的5篇文章。在3D博物馆，观众可以近距离探索世界各地的文物，每一件文物都讲述了一个有关新加坡的历史故事。这些文物由荷兰阿姆斯特丹大学特别收藏图书馆、中国国家博物馆和新加坡国家博物馆提供。除了文本、图片和视频外，还使用动画和3D技术，允许读者和用户"触摸"和探索稀有文物。在视频中，邀请了不同领域的5位代表人物来讲述新加坡的历史，包括博物馆讲解员、考古学家、自然社会组织成员和著名的历史学家。除了联合早报网站外，观众也可以在该报的Facebook主页上看到视频系列，每集约4分钟，中英文双语字幕。①

多个平台共同发力，一方面传播效果叠加，形成了规模效应，各个平台之间可以互动配合，全面覆盖目标受众；另一方面，受众的体验也变得多维立体，既可以选择自己喜欢的接触媒体方式，也可以沉浸于"全息媒体"之中，尽情感受文化和历史的魅力。这也正是华文媒体集团重组整合资源的意义所在。

---

① SPH's Chinese Media Group launches Singapore's Bicentennial series on multiple platforms[EB/OL].[2019-02-22]. https://www.sph.com.sg/media_releases/3657.

四、打造多语种数字内容

新加坡是多元文化的融合体,文化的和谐共存表现在社会生活的方方面面,新加坡报业的一个突出特点就是多语种内容的并行。为满足不同语言和文化背景读者的数字阅读需求,马来语的《每日新闻》(*Berita Harian*)和泰米尔语的《泰米尔之声》(*Tamil Murasu*)也纷纷向数字化转型,围绕新媒体受众策划传播内容。

以《泰米尔之声》为例,为了更好地了解读者并推出满足他们需求的新闻产品,该报进行了深入调研,不仅实地走访了泰米尔语读者,还向印度最大的两家泰米尔语出版物取经,以期更好地向数字优先、数据驱动的编辑部转型。为了庆祝2019年的"丰收节"(Pongal festival),《泰米尔之声》推出了新网站,以满足泰米尔社区居民的每日需求。新网站聚焦超本地的新加坡新闻,内容围绕以下方面:一是新加坡新闻,主要包括社会新闻、泰米尔社区大事和节日报道等;二是星象、精神与宗教内容;三是泰米尔或印度新闻及事件;四是健康、饮食和时尚等生活方式新闻;五是娱乐新闻,如考莱坞(Kollywood,印度电影产业的泰米尔语昵称,位于印度南部科达姆巴坎)、音乐及有关"宝森节"(Thaipusam)和"屠妖节"(Deepavali)的地方节日报道;六是世界新闻;七是体育新闻,特别关注足球和板球;此外,还有每周特别报道,聚焦人们感兴趣的社会事件及多媒体内容。在形式上,网站设计充分考虑用户的移动阅读需求,包含突发新闻提醒服务,新加坡及其他国家和地区的读者均可以阅读其泰米尔语内容。①

---

① Tamil Murasu unveils new website with well-rounded content for the Tamil community [EB/OL]. [2019-02-22]. https://www.sph.com.sg/media_releases/3652.

多语种数字内容的生产和传播,极大满足了不同文化背景受众的信息需求,进一步促进了新加坡传媒领域的文化多样性。在另一个层面上,也通过信息的有效传播,及时弥合了不同文化间的数字鸿沟,确保全媒体环境下跨文化传播的顺畅进行。

(原载《青年记者》2019年第7期)

中国全媒体国际传播的实践转向

第十七章

融媒体国际传播的优势、问题与改进思路

近年来,为了在传统媒体与新兴媒体融合方面取得实质性进展,我国各大国际传播媒体纷纷设立与融媒体相关的研发或编辑部门。例如,新华社成立"融合发展中心"和"产品研究院",人民日报社组建"中央厨房",中央电视台设立"融媒体编辑部",外文局成立"融媒体中心"。这些机构的设立不仅意味着传统国际传播机构的组织结构发生变革,更对改进国际传播效果起到了直接的推动作用。与传统对外报道相比,融媒体国际传播具有一定的优势,然而,在现阶段的实践尝试中仍存在一些亟待改进的问题,本章尝试作出分析并提出一些改进思路。

一、优势:形式新颖,落地率提高

从当前的国际传播实践来看,融媒体的出现在一定程度上丰富了对外报道的形式,提升了对外报道的吸引力和落地率,是一种有益的国际传播探索。

(一) 丰富了国际传播的形式和渠道

长期以来,我们的对外报道停留在文字与图片"两翼齐飞"阶段,形式比较单一,传播渠道也仅有通讯社通稿和报纸、广播、电视、新闻网站等传统渠道。媒体融合时代的到来为对外报道开辟了新的路径,多媒体手段的运用和社交网络等新媒体平台的利用极大地丰富了报道的形式和渠道。

一方面,对外报道更多地采用多媒体元素。从形式上看,音频、视频对外报道数量增多,还有一些采用动画手段制作的短片或"微视频"。新华社推出的《四个全面》、央视推出的《深改小组两岁了》以及复兴路上工作室推出的《十三五之歌》《领导人是怎样炼成的》《"跟着大大走"系列》等均是面向网络和手机用户的说唱动漫 MV,这些形式活泼有趣的可视化报道使国际传播出现了新的亮点。此外,采用虚拟现实(VR)、增强现实(AR)等新技术手段的对外报道也正在酝酿和萌芽。

另一方面,有效运用社交网络等新媒体平台和渠道开展国际传播。新华社、人民日报社、中央电视台均在海外社交网络平台开设了不止一个账号,积累了一些直接面对外国受众的传播经验。其中,新华社在 Twitter、Facebook、YouTube、Line、VK 等海外社会化媒体平台开设了英、法、西、俄、阿、葡、日、缅、越、泰等 15 个语种的 30 多个账号。中国外文局融媒体中心也开设了账号"China Matters",致力于制作中国主题视频,通过 Facebook 和 YouTube 等海外社交网络传播。

（二）有效提高了对外报道的落地率

"上天容易，落地难"一直是困扰国际传播工作者的痼疾。卫星信号覆盖了，外国受众不一定收看到；通稿线路发出去了，外国媒体不一定采用；合作版面、栏目随报纸印刷发行了，外国读者不一定能读到……"实际落地率"是衡量国际传播效果的一个至关重要的指标，以"借船出海"为主要思路的传统国际传播效果往往不尽如人意。

融媒体理念的付诸实践有效地提高了对外报道的实际落地率。截至2016年10月1日，央视英文账号在Facebook上的粉丝量超过3563万，《人民日报》在Facebook上的粉丝量超过2542万[1]……通过社交网络的传播，来自中国媒体的报道直接抵达了数量庞大的海外受众。排除"僵尸粉"情况的存在，我们在海外社交网络平台上看到了大量真实海外受众的互动和评论。

（三）在很大程度上增强了对外报道的吸引力

新技术手段的运用使对外报道更加生动有趣。以《十三五之歌》为例，《纽约时报》认为这部短片改变了中国长期坚持的现实主义风格的传播模式，将中国的公共外交模式带入了新纪元；《赫芬顿邮报》评价这一视频是"绝妙（groovy）的宣传视频"，并认为三分钟的视频以前卫的审美和朗朗上口的曲调介绍了中国的"五年计划"政策；英国《卫报》认为中国将枯燥的经济政策宣传转变为活泼的乐曲和魔幻的视频，一反常态地展现出了半开玩笑式的幽默感；英国《每日电讯报》说，这个视频亲切而富有幽默感，似乎是主

---

[1] 数据来源：Facebook网站。

要针对年轻人而制作的；新闻聚合网站 BuzzFeed（嗡嗡喂）则认为这首歌曲调非常容易记忆，并且很容易被随口唱出。① 这些外媒的评价肯定了融媒体在增加对外报道吸引力方面的积极作用。

二、问题：内容待提升，延续性有欠缺

尽管取得了一些正面的效果，但是，我们发现，融媒体国际传播仍然存在着一些不容忽视的问题，主要表现在以下几个方面：

（一）给外国受众提供的解释信息不够充分

一个比较明显的问题是，目前面向国际传播的融媒体产品形式上的吸引力大于内容上的丰富性。特别是对于中国政治新闻的融媒体传播，往往停留在对概念的重复上，没有针对外国受众对中国议题的理解能力，进行充分的解读和阐释。导致的一个后果就是，外国受众记住了几个中国政治关键词，知道它们很重要，但是，不知其"所以然"，没有增进他们对中国的了解和认识，"认同"更无从谈起。究其原因，一方面是新技术冲击下的传媒产业整体上过于重视形式变革而忽视"内容为王"，另一方面则是对外报道固有的跨文化传播问题在新媒体时代仍然没有得到很好解决。

同样以《十三五之歌》为例，在 YouTube 视频下的评论区中，网友的评论褒贬不一。其中较为有讨论价值的评论集中于"唱了半天'十三五'，却没有说'十三五'计划内容是什么"。可见，该条视频在国外产生的影响更多是浮于吸引受众的注意力与兴趣，有效

---

① 有关《十三五之歌》的素材来源于清华大学伊斯雷尔·爱波斯坦对外传播研究中心。

地向外国受众灌输了"十三五"的基本概念。然而,在引起受众兴趣之后并没有提供足够实质性的内容,没有明确解释"十三五"的基本内涵。因此,还需要更加系统地"讲故事",围绕"十三五"这个已经构建起来的符号进行解释和补充。[①]

(二)融媒体产品缺乏延续性,不能持续传播

就现阶段来看,融媒体产品大多是一些试验性的新闻产品,尽管有一些产品初步形成了系列,但是制作周期一般较长,前后的产品不能产生影响力叠加效果。如何使融媒体国际传播常态化是一个亟待攻克的难题。现在我国主流媒体在海外社交网络上的账号已经基本实现了常态化运行,但是这些平台上传播的内容并不都是融媒体产品,文字、图片仍然是内容的主体。融媒体新闻产品的生产需要新闻人才和技术人才的通力合作,这种跨界的合作常态化了,融媒体产品才能持续生产和传播。

新华社对外部一位负责推特账号的编辑在接受笔者访谈时曾经表示,编辑需要随时向技术人员请教,社会化媒体上有许多技术难题,比如图文混编,以及短链接的使用,等等。所以,技术和采编人员需要密切配合,一起工作,共同开发新的报道形态,共同进行报道和传播,才能更好地满足受众需求。[②] 可见,在融媒体时代,技术和编辑之间的界限不再截然划分,密切合作对于更好地将技术应用于新闻生产至关重要。技术越来越从"幕后支持"走到台前来,起到引领作用。

[①] 有关《十三五之歌》的素材来源于清华大学伊斯雷尔·爱波斯坦对外传播研究中心。
[②] 访谈时间为2015年4月12日。

（三）融媒体新闻国际传播生产链没有建立起来

由于融媒体中心大多是新成立的部门，工作人员也以年轻人居多。资深的对外报道编辑、记者往往仍然在原来的部门和岗位上继续此前的工作。新开发的融媒体产品并没有很好地利用传统对外报道的资源，相反，"另起炉灶"的情况较多。在这样的组织机构调整方式下，传统媒体与新媒体没有实现有效对接，优质内容无法经由新形式、新平台广泛传播，造成了重复建设和资源浪费。另一方面，外国受众的参与性也没有被很好地调动起来，没有真正体现融媒体时代的要义。根本原因在于融媒体新闻国际传播的生产链没有建立起来。

在传统媒体时代的"广播模式"下，新闻生产是线性的，包括采集、制作、播发、营销、反馈等环节。新闻素材采集由专业记者完成；新闻制作由传统编辑完成；播发一般是在专业的媒体渠道如通讯社供稿专线、报纸、新闻杂志、广播、电视频道等；营销由专业的发行或营销团队开展。只有在受众反馈的部分，线性流程的指向发生反转，由受众指向媒体。"广播模式"下的新闻生产是封闭的，采集工作一般由记者在新闻发生现场完成，编辑和制作工作在编辑部完成，经审核签发后面世的新闻产品往往是成品，不能再改动。整个生产过程由专业媒体机构把控，严肃而严谨，强调新闻媒体的专业性，受众是被动的。

互联网为专业新闻机构与受众之间的互动提供了更便利的条件。在网络时代的"黏性模式"下，在一些新闻网站上，读者可以直接在稿件后面评论，就新闻事实发表个人观点，或者对报社的价值判断提出支持或反对的意见。这样一来，在生产流程的反馈环节，频率增加，互动更直接，编辑部采纳受众的意见建议就会更及时。尽管如此，新闻生产流程仍然是封闭的，因为受众反馈意见时新闻生产的一个周期已经结束了,反馈意见只能在下一个周期或者以后的周期中进行改进。受众并没有直接参与到新闻生产中来。在新闻生产的每一个环节,"把关人"仍然是专业媒体机构及其雇佣的"媒体精英"们,对于公众而言,新闻生产过程是不透明的,是看不见的,也是无从评议或参与的。

传统的国际传播活动采用的是"广播模式"和"黏性模式"的新闻生产链,这两种生产链已经不能适应融媒体时代,特别是社会化媒体参与下的新闻生产的需要。

三、改进思路:重构融媒体国际传播生产链

综上,在融媒体时代,国际传播的新闻生产链应该进行颠覆性变革,从而适应新技术、新形势的需要。传统媒体和互联网时代的线性生产链必须抛弃,取而代之的应是可延展的环状生产链。

在融媒体时代的"延展模式"下,"发布"不再是新闻生产的终结,而可能是一条新闻进行"社会化生产"的开端。在社会化媒体平台上,人们审视新闻、评价新闻、修正新闻、补充新闻,甚至揭批新闻、颠覆新闻。融媒体语境下的对外新闻生产,呈现出"开放""延展"和"互动"特点,强调受众(或称"用户""公众")在新闻生产各个环节的主动参与(见图17-1)。

在新闻采集环节,专业记者和公民记者都应该做出贡献,有时他们会合作形成"众包新闻"。在制作环节,联合编辑部或超级编辑部不仅融合了一家媒体集团内部各个形态的新老媒介,更吸纳了主动提供技术的"业余编辑"的力量。在播发环节,专业的媒体渠道再也不是传播的唯一平台,社交网络、新闻客户端等融媒体平台纷纷亮相。在营销环节,除了媒体的专业营销队伍延

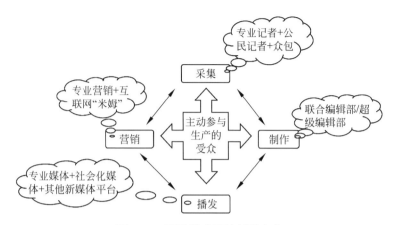

图 17-1 延展模式下的新闻生产

续传统的发行、售卖方式外,"互联网米姆"①成为一种新的热门营销趋势。需要强调的是,这一生产流程的每一个环节都是开放的,允许并鼓励外国受众参与。专业机构与公民记者、普通外国受众的频繁互动,使得"生产"出来的新闻更加接近外国受众的需求。

而且,我们看到,图 17-1 中不同环节之间的方向是可逆的。也就是说,在采集环节,可能需要做一些编辑、制作工作;在编辑环节,也可能进行素材的二次采集;播发出去的新闻作品,不是一成不变的,可能会随时补充新的材料,或者进行再加工;播发本身可能就是一种营销,而营销活动的开始并不等于新闻作品已经完成,在经过受众的审视之后,也需要修改、核实,甚至重写;很多时候,营销的过程会伴随着新的素材的采集和编辑。

这就是融媒体对新闻生产流程的重新定义,核心要义是从媒体精英主导的"封闭式"过程变为受众主动参与的"开放式"过程。相应地,融媒体国际传播应从注重新闻产品形式上的吸引力转变

---

① 所谓"互联网米姆"指的是一种互联网上传播的"文化因子",表现形式可能是短语、图片、动图、视频等,一般由网民用恶搞、拼贴等方式创造,常常会引发"病毒式"传播。

为彻底重构新闻生产链,从而增加内容的丰富性、解释性和延展性,使传统优质内容得到多次开发、利用,在外国受众的广泛参与下达成共识和共鸣,实现国际传播的"入脑赢心"。

(原载《对外传播》2016年第11期,原题为《融媒体对外传播的优势、问题与改进思路》)

第十八章

"复调"新媒体国际传播的优势、困境与进路

随着国际受众大规模向社交网站、移动客户端等数字平台迁徙,新媒体已经成为国际传播的兵家必争之地。不同于传统媒体"西强我弱"的传播格局,我国新媒体发展水平与发达国家差距不大,从战略层面考量,新媒体是我国国际传播的重要突破口之一。[①]从实践来看,中国主流媒体和民营媒体机构纷纷利用国外新媒体平台和自有新闻客户端拓展国际市场,微信、微博等本土新媒体公司也跨出国门,在其他国家和地区拥有数量可观的用户。伴随而来的是传播主体的多元化趋势,即政府、媒体、企业、其他社会组织、个人等传播主体在新媒体平台上多音齐鸣的"复调传播"[②],这将是未来一段时间国际传播的主旋律。新媒体环境下的"复调"国

[①] 唐润华,刘滢. 重点突破:中国媒体国际传播的战略选择[J]. 南京社会科学,2011(12):105-111.

[②] 史安斌,盛阳."一带一路"背景下我国对外传播的创新路径[J]. 新闻与写作,2017(08):10-13.

第十八章 "复调"新媒体国际传播的优势、困境与进路

际传播既有不同于以往的优势,也存在着亟待解决的困境和问题,如何扬长避短是当前关注的焦点。

一、优势:多元主体的合力传播与"核裂变"效果

新媒体赋予更多的社会机构和个人向大众,甚至国际受众传播的能力,传播主体由一元变为多元。国际传播学者程曼丽认为,网络传播带来的传受关系变化,使国际传播形态发生了相应变化,国家(政府)不再作为主要的或唯一的传播主体主导传播过程,政府之外的其他机构与个人也摆脱了依附地位,成为传播主体。① 近年来,这种多元化国际传播主体趋势在新媒体平台上日益凸显,具体表现在以下方面:

第一,主流媒体的新媒体国际传播策略日渐成熟。新华社、人民日报社、中央广播电视台总台、中国日报社等主要对外传播媒体在积极利用海外社交网络和建设自有新闻客户端方面积累了不少经验,初步形成了一些行之有效的传播策略,如建立矩阵式账号集群、内容碎片化传播、各账号之间互动协作、重大新闻事件密集发布等。截至2018年4月,新华社已在Facebook、Twitter、YouTube等国际社交网络平台建成了19个语种50个账号集群。② 2017年11月,中国国际电视台(又称"中国环球电视网",简称CGTN)在全球最大视频网站YouTube平台运营的主账号全球点击量突破3亿

---

① 程曼丽. 国际传播学教程[M]. 北京:北京大学出版社,2006:51.
② 冯冰,曾繁娟,孔张艳. 新华社海外社交媒体融合发展创新经验[J]. 国际传播,2018(03):64-68.

次,视频观看总时长达 3.7 亿分钟。①人民日报社、新华社、中国国际电视台等相继推出英文客户端,整合内外部资源,努力打造自有移动互联网外宣平台。中国媒体的新媒体国际传播已经在国际社会产生一定影响,引起国际主流媒体的关注。

第二,本土新媒体公司的国际拓展取得显著成效。微信、微博、今日头条等在国内拥有众多用户的新媒体公司纷纷开辟国际市场,在相对较短的时间内有不俗表现。来自移动推广数据分析平台 ASO100 的数据显示,微信在全球社交类 APP 流行榜单中排行第十,并在泰国、越南、马来西亚、菲律宾、澳大利亚、新西兰、加纳、刚果等 37 个国家及地区下载榜前十名中占据一席之地。②今日头条旗下产品在日本、印度、东南亚、巴西和北美都取得了不错的进展,多款产品长时间占据当地应用商店总榜前三。③本土新媒体公司国际市场占有率的扩大和国际影响力的提升有助于营造良好的国际环境,为政府和主流媒体的对外传播铺设渠道。

第三,私营媒体机构的新媒体国际传播取得突破性进展。这方面典型的案例是蓝海集团和四达时代集团,这两家公司在利用新媒体手段开展对外传播方面各有千秋。蓝海集团旗下的蓝海云平台与海外近千家新媒体开展合作,为其提供优质的、适配不同平台的中国内容,影响力不断上升。四达时代则延续传统电视媒体传播优势,积极实施针对性强的"一国一策"新媒体发展策略,在 Facebook 平台,四达时代面向 16 个非洲国家分别开设了 16 个账号。这些基于新媒体渠道的国际传播活动均有助于中国国际形象的提升。

第四,社会组织和个人运用新媒体手段开展跨国传播活动初

---

① 江和平. 中国国际电视台(CGTN)优兔全球点击量破 3 亿次[EB/OL]. (2017-11-22)[2018-08-11]. http://www.xinhuanet.com/zgjx/2017-11/22/c_136770768.htm.
② 相德宝. 从微信国际化看社会资本参与对外传播[J]. 对外传播,2017(05):22-23.
③ 曹博远. 今日头条打造反谣言全球技术平台[N]. 法制日报,2018-1-12(A19).

第十八章 "复调"新媒体国际传播的优势、困境与进路

现端倪。在各类新媒体平台上,一些非营利机构和个人传播者开始悄悄发声,在某些特定事件中起到一定的推动作用,"帝吧出征Facebook"[1]是一个较为典型的案例。也许这类传播主体的力量还很弱小,很多时候不足以形成声势,但暗藏着巨大潜力,未来有可能形成类似"Me Too"(反性骚扰运动)这样的全球性浪潮。

可见,新媒体应用的普及使多元化传播主体得以发挥自身优势,开展各自的国际传播活动,从而形成一股中国内容对外传播的合力。这里所说的"合力"类似合唱团中多个声部的"合唱",每个传播主体唱响的是自己的旋律,形成和谐的"复调"传播,绝非所有人唱同一个旋律的"齐唱"。这是新媒体国际传播的重要优势之一,比起"一元主体","复调"传播的丰富性、立体化为国际受众提供了全方位了解中国的可能,也使真实的中国有机会为世界所认识。

另一方面,较之传统媒体,新媒体是天然的国际传播平台,在不断升级换代的新技术的助力下,信息跨越国界的流动变得更加方便和快捷,能够在较短的时间内、以较低的成本直抵并覆盖大规模的目标受众,实现"核裂变"式的逐级放大传播效果,在吸引受众互动和反馈方面也让传统媒体望尘莫及。这也是各类传播主体纷纷利用新媒体手段开展国际传播的重要原因之一。然而,新媒体在传播效果方面的优势是一把"双刃剑",运用不当有可能引发负面影响。网络传播学者匡文波认为,新媒体传播呈现出明显的"蝴蝶效应",是危机的放大器,任何人都可以通过新媒体发表评论,使得危机传播的风险性成倍放大,如果不加以及时引导和调节,会给社会带来非常大的危害,被称为社会"龙卷风"或"飓风"。[2]这一特

---

[1] 史安斌,张梓轩.危机传播的跨文化转向研究——基于对"帝吧出征Facebook"事件的多元声音分析[J].新闻与传播评论,2017(01):166-183.
[2] 匡文波.论新媒体传播中的"蝴蝶效应"及其对策[J].国际新闻界,2009,6(08):72-75.

点已经引起政府及其他各类传播主体的重视,针对"核裂变"传播特点的舆情监控、传播策划、议程设置、舆论引导等举措已经付诸行动。

二、困境:复杂的传播格局与"后真相"现象

尽管新媒体国际传播具有诸多优势,但是,与传播主体的多元化和传播手段的便捷性相伴而生的是国际传播格局的复杂化和内容把关的难度。

在一元主体的传播时代,国际传播格局的主要维度是国家(政府),强弱关系相对比较明晰。历史上欧美四家通讯社结成"联环同盟",分割世界各地区信息采集和传播范围,由此延续下来的国际信息传播秩序没有被根本打破,因此我们一直有"西强我弱"的国际传播格局判断。传播主体多元化的新媒体时代,人人皆媒,众声喧哗,"信息茧房"和"回音壁"效应时有发生,传播格局扑朔迷离,常有反转情况,较难把握。国际传播效果评估的难度也随之加大,量化的指标很多时候不能真实反映实际传播的状况,质性分析针对具体事件或案例的传播效果比较容易操作,对于较长一段时间的、较大范围的国际传播效果研究则力不从心。评估的不力也在一定程度上影响了我们对当前国际传播格局的准确判断,阻碍了我国对外传播策略的改进。

与此同时,有关"后真相"困境的讨论同样适用于新媒体国际传播。所谓"后真相",指的是情绪煽动比事实和真相更能影响民意。网络传播学者彭兰认为,社会化媒体被视为"后真相"的主要推手有如下原因:第一,社交平台传播主体的多元化带来传播格局的复杂化;第二,建立在社交网络基础上的传播渠道及其传播动力

第十八章 "复调"新媒体国际传播的优势、困境与进路

容易带来情绪化传播;第三,碎片化的传播内容也可能导致还原真相很困难。①这些原因在国际传播领域同样适用,在 Facebook、Twitter、YouTube 等海外社会化媒体平台上,"后真相"困境比比皆是,网民的情绪随时可能被点燃,内容把关愈发重要。

一个突出的案例是走出国门的中国流行短视频平台抖音在印度尼西亚被封。据印尼《时代周刊》(TEMPO)网站 2018 年 7 月 4 日报道,印尼政府自 3 日起封禁抖音的国际版 Tik Tok,原因是其中包含"色情、不当和亵渎神灵"的不良内容。②即便这些内容并非抖音公司制作,但是,作为渠道和平台,抖音把关不严,允许此类内容在该平台传播,引发用户大量投诉,难辞其咎。可见,内容审核的风险是多元主体下新媒体国际传播的主要困境之一。一方面是用户上传内容的方便、快捷,另一方面是不良内容带来的各种危害,如何及早发现不法用户?如何严格审核用户上传的内容?新媒体平台把关人的角色至关重要。

三、进路:挖掘并合理利用民间自媒体用户力量

综合以上对多元主体利用新媒体手段开展国际传播的优势与困境的分析,不难发现,我们进入了一个前所未有的国际传播机遇期和挑战期。新媒体在全球范围内的蓬勃发展为我国的对外传播开辟了一条"高速路",在适当、有效的传播策略指导下,中国的国际形象有可能获得较大提升;与此同时,"限速"和"违章"监控无处不在,稍有不慎,我们就有可能被国际社会"扣分",甚至"吊销驾

---

① 彭兰. 人人皆媒时代的困境与突围可能[J]. 新闻与写作, 2017(11): 64-68.
② 赵觉珵. 抖音海外版被封禁:印尼决定暂时封禁抖音国际版[EB/OL]. (2018-07-15)[2018-8-12]. http://it.people.com.cn/n1/2018/0705/c1009-30128807.html.

驶证",传播效果一落千丈。对于新媒体环境下多元主体国际传播的有效方法和路径,本章尝试提出以下建议:

第一,恰当指挥,让"复调"传播唱响和谐之音。"复调"传播是多个传播主体的合唱,不是各自为政,更不是重复传播,各个传播主体的旋律叠加应该成为有机的整体,形成和谐的音乐。这就需要恰当的统筹和指挥,一方面在"编曲"时安排好各个声部的旋律,使其各自独立又浑然一体;另一方面,各主体在"演唱"时既做到各司其职,又能互相补台。只有这样,"中国声音"才能被唱得饱满动人,"中国故事"才能被讲得有声有色。需要尽力避免的是不同传播主体之间的内部矛盾、重复建设和无谓竞争,这些都需要从国家层面去统筹协调。

第二,海纳百川,挖掘民间优秀内容资源。从媒体层面来看,人人皆媒时代内容的丰富性使我国主流外宣媒体有机会借助自媒体用户资源改善对外传播效果。很多来自民间的原生态内容产品是我们一直追求的"原汁原味"的中国故事,不同于专业媒体的报道,这些民间优秀作品更接地气,更多地诉诸人类共通的体验和情感,更容易引起国际受众的共鸣。用户自制内容的吸纳和采用已经不是一个新鲜话题,下一步主流媒体应探讨的是如何激发自媒体用户采写、拍摄、制作"中国故事"的热情,以及提升用户自制内容采集、筛选平台运行的有效性。

第三,因势利导,调动自媒体用户力量。互动性是新媒体国际传播效果的一个重要评判指标,它包括新媒体帖文及视频的浏览量、观看量、点赞量、转发量、评论量等具体指标,以及转发、评论的正向指数和异向指数。"核裂变"的效果既可能是正向的、符合预期目标的,也可能是异向的、令人措手不及的。这就需要我们学会因势利导,在纷繁复杂的新媒体国际舆情中把握好风向,通过积极、主动的网络议程设置,调动自媒体用户的力量,形成有利于我方的传播态势。

第四,严格审核,避免不法用户和不良内容影响我国国际传播声誉。在把关方面,应建立适应新媒体传播特点的、技术含量高的多级审核机制,通过技术手段与人工审核相结合的方法,密切监控自有新媒体平台和国际平台上我方账号的传播内容。针对不同国家开展对外传播活动时,应把传播对象国的法律、政治、文化等方面因素列为重点考虑问题,在用户资质审核和内容把关时万分谨慎,避免不良后果的产生。

(原载《对外传播》2018年第9期)

第十九章

反向流动视阈下的社交网络与中国媒体全球传播

信息在全球范围内的失衡流动长期困扰着国际传播学者。少数西方国家由于历史上的经济、政治霸权和对全球媒体渠道的掌控,主导着信息的流动方向。然而,随着大量处于边缘地位的发展中国家的崛起,反向流动越来越成为一种可能,并且逐渐从暗流涌动到在全球传播市场掀起涟漪,冲击主导性流动,以西方国家为核心的国际信息传播格局正在遭遇挑战。RT(原称"今日俄罗斯")、半岛电视台、中国国际电视台(CGTN)的崛起和印度宝莱坞电影、拉美肥皂剧的流行都提供了令人信服的佐证。

传播技术的迭代升级更使跨越国界的传播活动呈现出崭新的样貌。尽管数字鸿沟依然巨大并将持续存在,但是,社交网络为广大发展中国家提供了一种直接抵达目标受众的传播平台,颠覆了传统的"借船出海"的对外传播方式,使迅速的跨国信息扩散和及时的国际受众互动成为可能。本章尝试在反向流动的视阈下,考

第十九章　反向流动视阈下的社交网络与中国媒体全球传播

察社交网络在世界信息与传播新秩序重建中发挥的作用,同时以中国媒体的国际传播为案例进行具体剖析。

一、反向流动的理论内涵

建立世界信息与传播新秩序的讨论可追溯至"二战"后两极格局的建立,当时美苏在国际传播理念上出现分歧:以苏联为首的社会主义阵营认为应对媒体机构及其传播进行控制,而以美国为中心的资本主义支持者则坚持国际传播中的"信息自由流动"(free flow of information),以推动所谓的民主、言论自由和市场自由。[1]"自由流动"这一概念的提出实则具有经济和政治上的双重目的。在经济上,美国打着自由主义的旗号将全球传播市场化,以助力掌握世界上大部分媒体资源和资本的西方跨国集团入侵发展中国家,并成为最大受益者。在政治上,自由流动确保西方媒体对全球产生持续、单向的影响,同时以间接的方式微妙地向国际受众传播美国政府的观点。

赫伯特·席勒(Herbert Schiller)进一步揭示,"信息自由流动"掩盖了国家之间技术与经济的不平衡,美国用这种带有迷惑性的表述,凭借强大的经济实力将自身的价值观和意识形态强加于弱小国家,这便是文化帝国主义的体现。[2]所谓"自由流动"实际上是全球信息、新闻及文化娱乐产品由少数"核心国家"(主要指西方发达国家)向大多数"边缘国家"(又称"卫星国家",主要指发展中国

---

[1] Thussu D K. International Communication: Continuity and Change [M]. 3rd ed. New York: Bloomsbury Publishing, 2019: 41-42.
[2] Schiller H. Communication and Cultural Domination [M]. New York: International Arts and Sciences Press, 1976: 10-12.

家)的自上而下的流动,这也构成了目前全球传播的尴尬现状。

然而,信息在全球范围内的流动格局并非一成不变。随着移动互联网的迅猛发展,全球媒体景观被颠覆与重构,由美国主导的"核心—边缘"架构的传播格局遭遇了非西方国家的挑战。过去20年,从 RT、CGTN、半岛电视台的新闻到韩国、印度、拉丁美洲的影视作品,来自非西方国家的新闻和文化内容正在影响全球信息传播的流动方向,促进了信息和媒介产品的多样化。

达雅·屠苏(Daya Thussu)将源于美国并以之为核心的媒介产品流动方向称为"主导性流动"(dominant flow,也译作"主流"),而将产生于上述这些边缘国家的媒介产品流动定义为"反向流动"(contraflow,也译作"逆流")或"次流"(subaltern flow)。①但他同时指出,一些地区媒介产品的流动更像是对以美国为主导的西方媒体的"互补流动"(complementary flow),因为它们继续从西方获得管理、技术、营销和广告方面的支持,与西方网络和媒体机构密切合作,并没有促成一种"去中心的"(decentered)文化帝国主义。②

尽管关于反向流动未来是否有可能逆转主导性流动的判断尚无定论,但是,社交网络确实为信息流动的平衡化趋向提供了更好的平台。由于平台本身的特性和全球用户数量的持续增长,信息、观点及文化类内容在某些情境下呈现出更积极的反向流动态势。另一方面,非西方国家的社交网络平台也正在悄悄吸引不同国家的数字用户。其中,在政府重视和民间努力的双重驱动下,来自中国的信息和媒介、平台产品逐渐成长为一股不可忽视的重要力量。

---

① 朴经纬,唐天开. 全球化时代的媒体与传播:达雅·屠苏的传播思想评介[J]. 新闻研究导刊,2016,7(14):13-15.
② Thussu D K. International Communication: Continuity and Change[M]. 3rd ed. New York:Bloomsbury Publishing,2019:220.

二、内容的反向流动：国际社交网络上的中国媒体

对国际社交网络平台的长期观察发现，三大类来自发展中国家的内容的反向流动最为引人注目：一是与西方媒体视角迥异的新闻信息；二是有感召力或有争议的观点；三是有国家、地域特色的文化类内容。下面以中国媒体和媒介产品为例进行具体阐释。

（一）新闻信息的反向流动

新闻媒体是中国开展全球传播活动的重要主体。近年来，新华社、《人民日报》《中国日报》、CGTN、中国国际广播电台、中新社等主流媒体积极布局海外社交网络，纷纷在 Twitter、Facebook、YouTube 等网站开设账号，构建传播矩阵。以这些媒体账号为载体，来自中国的政治、经济、文化、军事、科技、体育等类别的新闻信息源源不断地抵达全球网民，形成与西方媒体视角截然不同的反向的信息流。

以《人民日报》为例，它是最早一批在 Twitter、Facebook 上注册账号的中国媒体之一，随后还在 YouTube、Instagram 平台开通英文账号，四个账号以目标群体的不同兴趣和使用习惯展开差异化运营。其中，突发性新闻和国内重大事件报道通过 Twitter 平台发布，目的是向国际受众还原事实真相，呈现中国视角；科学技术、风景名胜、新奇事物等主题的新闻信息在 Facebook 平台推送；而新闻

短视频的制作与发布侧重于 YouTube 平台。①截至 2019 年 5 月 31 日,《人民日报》Facebook 账号粉丝量达 6500 万以上,早在两年前就超过《纽约时报》;Twitter 的粉丝数也突破了 570 万。②

新华社在 Facebook 平台构建了账号矩阵,除了主账号(China Xinhua News)、科技账号(China Xinhua Sci-Tech)和体育账号(China Xinhua Sports)外,还依托遍布世界各地的分支机构开设了 14 个地区新闻账号,既包括北美(Xinhua News North America)、欧洲(Xinhua Europe)、非洲(Xinhua Africa)这样的区域性新闻账号,也包括针对具体国家或地区的账号,如英国(Xinhua UK)、尼泊尔(Xinhua Nepal)、缅甸(Xinhua Myanmar)、老挝(Xinhua Laos)、突尼斯(XINHUA-Bureau de Tunis)、柬埔寨(Xinhua News Agency-Cambodia)、巴勒斯坦(Xinhua News Agency-Palestine)、喀布尔(Xinhua News Agency-Kabul)、中国香港(新华香港),还包括印地语(Xinhua Hindi)和法语(Agencia de Noticias Xinhua)两个按语种划分的账号。③这样的账号分布直接指明了新闻信息的流动方向,明确了传播对象的范围。

(二)观点的反向流动

伴随新闻信息的反向流动,来自中国的观点也逐渐在世界范围内传播开来,最突出的例证是"一带一路"倡议的提出与传播。研究发现,从 2016 年 1 月 1 日至 2018 年 3 月 1 日,我国三家主流

---

① 章晓英,卢永春. 中国媒体国际微传播能力建设与发展态势[C]//章晓英,刘滢,卢永春. 中国媒体微传播国际影响力年度报告. 北京:社会科学文献出版社,2019:10.
② 数据来源:中国日报社-中国科学院自动化研究所新媒体联合实验室"全球媒体云"数据平台.
③ 毛伟. 新华社海外社交平台运营态势分析[C]//章晓英,刘滢,卢永春. 中国媒体微传播国际影响力年度报告. 北京:社会科学文献出版社,2019:68.

第十九章　反向流动视阈下的社交网络与中国媒体全球传播

媒体新华社、中央电视台和人民日报社在 Facebook 上有关"一带一路"主题报道的发布数量分别为 63 篇、169 篇和 190 篇。①这些帖文、图片、视频经过国外媒体、机构账号和普通网民的转发和扩散,在全球产生了广泛的影响力。从 2013 年 9 月至 2018 年 3 月,国外媒体和网民对"一带一路"的关注呈现明显的上升趋势(见图 19-1)。与此同时,中国的"一带一路"相关合作也取得了实质性的成果。截至 2018 年底,中国已经与 122 个国家、29 个国际组织签署了 170 份政府间合作文件,这些国家遍布亚洲、非洲、欧洲、大洋洲和拉丁美洲。②可见,中国观点的反向流动已经初步取得了成效。

图 19-1　国外媒体和网民对"一带一路"的关注趋势

（资料来源：中国一带一路网）

另一个例子是近期备受关注的有关贸易战的中美主播约辩。2019 年 5 月 22 日,CGTN 主持人刘欣在评论短视频中驳斥了福克斯商业频道(Fox Business)女主播翠西·里根(Trish Regan)宣扬对华"经济战"的言论。次日,翠西在个人 Twitter 账号中约辩刘欣,刘欣欣然应约。原以为会是一场激烈的辩论,但在 16 分钟的连线时

---

① 郑越,陆浩. 讲好海外社交媒体上的中国故事——以我国三家主流媒体"一带一路"Facebook 报道为例[J]. 电视研究,2018(09):7-9.
② 曾荣. 一带一路与中华文化的国际传播[EB/OL].（2018-02-06）[2019-06-05]. http://ex.cssn.cn/wh/wh_xzjd/201802/t20180206_3841332.shtml.

间里,双方以对话而不是对抗姿态进行了平等的交流。这次对话的意义主要体现在两个方面:一是借助社交网络的帮助,实现了中国观点在美国媒体上的反向流动;二是以网络沟通、电视节目视频连线的形式,开启了民间平等对话的新通道。

(三) 文化类内容的反向流动

较之新闻和观点,文化类内容的反向流动流量更大,流速更快。拥有悠久历史、博大精深的中华文化自带"魅力攻势",社交网络更增加了其形式上的吸引力和传播上的便捷性。

以"熊猫文化"为例,我国自唐朝起就有"熊猫外交"的历史,迄今,熊猫文化俨然成为我国文化外交的宠儿。中央电视台新媒体机构打造的 iPanda 熊猫频道于 2013 年 8 月 6 日正式上线,通过中英文网站、APP 客户端、微信公众号、微博、Facebook、YouTube、Twitter 和 Instagram 账号为全球网民们 24 小时直播中国大熊猫保护研究中心和成都大熊猫繁育研究基地内大熊猫的生活实况。[1]数据显示,该频道开播一年内就获得了超过 4000 万次访问量。[2] 2017年 2 月,熊猫频道发布的"大熊猫宝宝抱饲养员大腿"视频在网络上走红,被 CNN、BBC 等国内外 50 余家重量级媒体转载与报道,浏览量超过 10 亿,被外媒称为"神奇的中国视频"。[3]

截至 2019 年 5 月 31 日,iPanda 在 Facebook 上已经拥有 1679万粉丝。[4]可见,"熊猫热"正在海外不断升温,iPanda 在各大平台上

---

[1] 熊猫频道官方网站. 熊猫频道简介[EB/OL]. [2019-06-05]. http://www.ipanda.com/about/index.shtml.
[2] 杨航,徐嫦聆. 熊猫频道国际传播策略研究——以脸谱网熊猫账号为例[J]. 电视研究,2018(06):82-85.
[3] 熊猫频道官方网站. 熊猫频道简介[EB/OL]. [2019-06-05]. http://www.ipanda.com/about/index.shtml.
[4] Facebook 网站[EB/OL]. [2019-06-05]. http://www.facebook.com.

第十九章　反向流动视阈下的社交网络与中国媒体全球传播

通过大熊猫这一"中国软实力"向世界传播中国爱好和平、愿与世界各国友好合作的愿望,有力推动了"熊猫外交"以及中国国家形象在海外的提升。

三、平台的反向流动:中国社交网络的全球拓展

目前,全球用户数量最多、覆盖范围最广的主要是美国的社交网络平台。中国的传播主体在美国社交网站"借台唱戏"的同时,也在努力搭建属于自己的国际舞台,通过短视频平台(Tik Tok)、一站式社交平台(WeChat)以及信息分享平台(Weibo)向海外拓展,我们称之为"平台的反向流动"。比起内容,平台触及的是技术层面,更有可能在算法时代对信息和媒介产品的流动方向产生决定性影响。

最突出的案例是北京字节跳动科技有限公司。近几年,字节跳动不断更新海外版产品,包括今日头条海外版 Topbuzz、Topbuzz Video 以及抖音海外版 Tik Tok 等。此外,还收购了短视频平台 Flipagram、全球移动新闻服务运营商 News Republic 与音乐视频分享和互动社交应用 Musial. ly,通过自建与收购等形式在全球建立了以直播、短视频为主的传播矩阵。目前包括 Tik Tok 与 Musical. ly 在内的抖音海外产品已触达 150 个国家,月活跃用户超过 1 亿,且还在保持高速增长。①根据市场应用机构 Sensor Tower 发布的数据,2018 年,Tik Tok 在美国每月的下载量逐步攀升,到 10 月已经

---

① 章晓英,卢永春. 中国媒体国际微传播能力建设与发展态势[C]//章晓英,刘滢,卢永春. 中国媒体微传播国际影响力年度报告. 北京:社会科学文献出版社,2019:12.

超过 Facebook、Instagram、Snapchat 和 YouTube。①美国社交 APP 的市场已经基本饱和,Tik Tok 下载量取得突破充分证明了平台反向流动的事实,说明来自发展中国家的、创造并满足数字用户新需求的社交产品在西方国家市场仍然有增长空间。

此外,微信海外版 WeChat 和新浪微博 Weibo 的全球传播步伐迈得比较早,也取得了一些成绩。腾讯公布的 2019 年第一季度业绩报告显示,微信及 WeChat 的合并月活跃账户数已达 11.12 亿,同比增长 6.9%。②尽管其中的海外用户数量还比较有限,但是,随着跨国人口流动的增加和国际交往的增多,海外华人、华侨、留学生以及来华外籍人士都逐渐成为微信的活跃用户。2018 年底,微博也计划推出多种语言的新产品,以满足国际用户的需求。③这些数据和举措都说明,平台的反向流动已经成为一种趋势。虽然这些平台目前的影响力还较微弱,但是,未来有可能获得飞速发展,冲击占主导地位的社交平台。

四、全球传播的未来

综上所述,从反向流动的视角出发,在国际信息传播新秩序重构的过程中,无论国际还是中国社交网络,都为全球传播活动搭建了前所未有的平台,特别是在中国媒体和媒介产品走向全球过程中起到了关键性作用。研究发现,中国媒体在国际社交网络上创

---

① Iqbal M. TikTok Revenue and Usage Statistics (2019) [EB/OL]. (2019-02-27) [2019-06-05]. http://www.businessofapps.com/data/tik-tok-statistics/#1.
② 腾讯公布 2019 年第一季度业绩 [EB/OL]. (2019-05-15) [2019-06-15] https://www.tencent.com/zh-cn/articles/8003551557911908.pdf.
③ 中国新浪微博计划海外扩张,推出多种语言产品 [EB/OL]. (2018-12-04) [2019-06-15]. http://www.baijingapp.com/article/20191.

第十九章　反向流动视阈下的社交网络与中国媒体全球传播

造了新闻信息、中国观点及文化内容的协同反向流动,而平台的反向流动正以另一角度助力中国向世界发声。第一,社交网络使中国新闻直接抵达国际受众,流动更加有效;第二,社交网络使中国观点被多次传播并放大,流动形成规模;第三,社交网络使跨文化的对话沟通成为一种常态,平等流动成为可能;第四,发展中国家社交网络的崛起有可能在不远的将来对主导性流动造成较大冲击。

一个不争的事实是,中国的国际传播图景只是众多"非西方"国家信息反向流动的缩影,俄罗斯、印度、卡塔尔、巴西等国家同样正在积极推动媒体和文化的全球化。未来,"非西方"国家将有可能冲击文化帝国主义的根基,使全球的信息流动更为平衡和平等。但达雅·屠苏也曾对此表示担忧,就数量和经济价值而言,反向流动与英美等西方国家的主导性流动相比还有很大差距,许多"边缘"国家的影响力也仅限于地缘与文化相关的跨国消费者。①尽管如此,我们仍然对前景表示乐观,希望在可以预见的将来,在社交网络的助力下,文明的交流互鉴、文化的多样性取代文化帝国主义,世界信息与传播新秩序最终建立。

（原载《新闻与写作》2019年第7期,作者为刘滢、唐悦哲）

---

① 朴经纬,唐天开.全球化时代的媒体与传播:达雅·屠苏的传播思想评介[J].新闻研究导刊,2016,7(14):13-15.

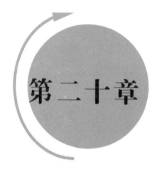

第二十章

延展性逻辑下网络视频的跨文化传播

"延展性"概念由美国学者亨利·詹金斯、山姆·福特和约书亚·格林于2013年在《可延展的媒体：在网络文化中创造价值与意义》一书中提出。这三位学者用"延展"（spread）、"可延展的"（spreadable）和"延展性"（spreadability）来描述当下流行的参与性更强的内容传播方式，而网络视频是其中最为重要的内容形态之一。在实践操作层面，各国政府、新闻机构、民间团体及个人纷纷在以社交网络为代表的新媒体平台上开展跨文化的传播活动，特别是以视频为形态的文化产品，越来越成为互联网内容海洋中的巨浪。本章在阐述"延展性"概念的基础上，梳理了近年来网络视频跨文化传播研究的三个重点，并对"歪果仁研究协会"的传播个案进行了具体剖析。

一、"延展性"和"延展模式"

根据詹金斯等学者的定义，"延展性"指的是具备促使用户自发分享内容的技术和文化潜力，用户的分享有时得到了版权所有

第二十章 延展性逻辑下网络视频的跨文化传播

者的许可,有时违背其意愿。詹金斯等人同时指出,自上而下或自下而上的力量决定着内容如何跨文化或者在文化间进行分享。①显然,这是一种对新媒体时代媒体内容跨文化传播的理论抽象,较好地概括了社交网络平台上纷繁复杂的传播现象。

从"延展性"概念的提出背景来看,实际上是延续了詹金斯在《融合文化:新媒体和旧媒体的冲突地带》一书中的观点,即媒体内容横跨不同媒体系统、相互竞争的媒体经济体系以及国家边界的流通,很大程度上是依靠消费者的积极参与完成的。②这一观点强调了新媒体时代受众(或媒体内容的"消费者"及"用户")在跨文化传播中的重要作用,为"延展性"概念的提出奠定了基础。此后,詹金斯通过比较"分发"(distribution)和"转发"(circulation)两种传播方式,得出了"延展模式"。

为了更好地阐释"延展性"概念,詹金斯等学者将"延展模式"与"广播模式""黏性模式"进行了对比。"广播模式"是指传统媒体时代的新闻生产模式,媒体采集、编辑内容,然后通过专业渠道进行大众化传播。"黏性模式"是指把内容放置于一个特定位置,然后吸引受众到这个位置上去看,这样受众数量就容易统计计算,这是互联网发展初期以门户网站为中心的传播模式。与之相比,"延展模式"下的媒体诞生于社交网络盛行的时代,主要特点是分散性,生产容易被分享的内容,通过交换内容使人们相互连接,并通过分享内容获得广泛收益。具体而言,"延展模式"强调人与人之间社会联系的重要性,特别是社交网络平台的放大效应,引导用户用意想不到的方式使用内容,在这种媒体模式下,受众感到自己是内容的组成部分。③

学者史安斌、欧阳春雪在詹金斯等人的基础上,提出应从受众

---

① Jenkins H, Ford S, Green J. Spreadable Media: Creating Value and Meaning in a Networked Culture[M]. NYU press, 2013:3.
② 詹金斯. 融合文化:新媒体和旧媒体的冲突地带[M]. 杜永明,译. 北京:商务印书馆, 2012:31.
③ 刘滢. 国际传播:全媒体生产链重构[M]. 北京:新华出版社,2016:42.

市场、收视平台、传播策略三个方面打造"延展"型的电视媒体。他们认为,从传播的角度来看,延展不同于由传统媒体主导的发行或播放,它应当成为 Web3.0 时代媒介和文化传播的主要方式,即媒体机构与受众合作,借助于人工智能等新的技术手段,通过参与和体验共同完成媒介内容的生产、消费和流通。①这就进一步明确了受众参与是视频类内容传播具备"延展性"的重要条件,同时强调了这是当前网络环境下媒介和文化传播的主要方式。林静进一步以央视春晚"咻一咻"为例,就延展型受众、延展型平台与"互联网+"思维、延展型广告与广告主三个方面进行了个案分析。②以上研究把"延展性"概念引入到电视媒体的转型研究中来,为传统媒体适应新的传播生态环境指出了一条创新路径。

二、网络视频跨文化传播的研究重点

最能体现"延展性"的其实是网络视频的兴起及其跨文化传播。随着传播技术的升级换代和社交网络在全球范围内的流行普及,收看、分享网络视频已经成为人们媒体消费的重要内容之一。人们不仅在专门的视频分享网站(如 YouTube、抖音等)围绕视频进行一系列互动活动,也在其他综合性社交网络平台(如 Facebook、Twitter、微信、微博等)拍摄、上传、观看、评论、转发视频。这其中既有跨越国界的信息流动,也有一国境内不同文化之间的碰撞交流,跨文化的传播活动频繁而多样化。而这些视频能否成为关注度较高的热门视频并对人们产生广泛影响,则取决于其是

---

① 史安斌,欧阳春雪.打造"延展"型媒体:Web3.0 时代美国电视节目营销新趋势[J].电视研究,2014(11):73-75.
② 林静.从央视春晚"咻一咻"浅谈"延展型电视"的发展路径[J].新闻研究导刊,2016(04):268-269.

否具有"延展性"。从可以搜索到的文献来看,网络视频跨文化传播的相关研究重点主要集中在跨文化适应性、国际话语空间拓展和传播效果三个维度上。

(一) 网络视频的跨文化适应性

网络视频在传播过程中面临跨文化的障碍,在不同文化环境和背景下,网络视频传播的适应性如何?这是跨文化传播必须解决的一个问题。此类研究中,学者周翔和程晓璇的分析较具代表性。他们从网络视频模因的属性和特质出发,选取全球范围内流行的50个网络视频模因各自的原始视频(1个)和衍生视频(4个),共计250个视频样本,做了较为详尽的实证分析和内容研究。研究发现,跨文化适应性高的视频模因大多来源于流行文化,拥有更成熟、更完整的文本,并且通常以音乐为最主要的继承属性,提供了更为开放的参与结构等。[①] 衍生视频事实上是对视频模因的一种延展,它保留、继承了原始视频的某些属性,同时增加了一些新的属性。

(二) 网络视频与国际话语空间的拓展

如何通过网络视频这一视觉传播形式拓展我国的国际话语空间?学者杜骏飞和吴洪认为,电子媒介重构了传播符号,官方话语与民间话语出现分离,并相互借鉴、取长补短。网络视频传播模式要想取得成功,必须克服国内官方媒体、国内网络媒体和国外媒体这三重屏障。而对于国际话语空间的秩序重构,除了有鲜明的立场外,还应打造出若干世界级话语平台。此外,如何打造极具表现

---

① 周翔,程晓璇. 网络视频模因跨文化适应性的实证探析[J]. 现代传播-中国传媒大学学报,2016,38(09):44-50.

力和说服力的动态影像内容更是传播中国的关键点。①其中,"世界级话语平台"的打造和高质量"动态影像内容"的生产制作事实上是"延展模式"下媒体运营和内容生产的应有之义,只有这样才能使国内、国际范围内的传播活动真正打破地理的疆界,实现我国政府、媒体、企业、个人等主体国际话语空间的拓展。

(三)网络视频跨文化传播的效果

另一个重要的研究领域是传播效果,这既是学界的关注焦点,也是业界指导实践的依据。网络视频跨文化传播的效果很难测量,这方面的研究如凤毛麟角。学者郭镇之、杨颖、张小玲、杨丽芳曾经对BBC播出的三部中国主题纪录片的传播效果进行了两次小型的国际受众调查,调查对象是英国、马来西亚两所大学的在校生。② 由于其中一部纪录片(《中国新年》)是中国五洲传播中心与BBC联合制作的,并且这些纪录片在互联网上广泛传播,因此,这项研究可以说是网络视频跨文化传播效果研究的有益尝试。此外,学者鞠先鹤以中国军网的视频为例分析了网络军事视频的对外传播效果,提出关于内容和形式的具体策略:应精心策划选题,打造网络军事视频的核心力;借道多种媒体,扩大网络军事视频的渗透力;从基层遴选鲜活素材,创新节目样式,依靠文化载体渐进传播等。③这些策略对于提升跨文化传播效果无疑是有帮助的,但是,如何对效果进行有针对性的评估这一问题仍然没有得到很好解决。

---

① 杜骏飞,吴洪.网络视频:国际话语空间的拓展与秩序重构[J].中国广播电视学刊,2009(08):63-64.
② 郭镇之,杨颖,张小玲,杨丽芳.关于BBC中国主题纪录片的两次国外小型受众调查[J].国际传播,2016(01):63-71.
③ 鞠先鹤.网络军事视频对外传播效果探究——以中国军网视频分析为例[J].中国传媒科技,2012(18):122-123.

从以上分析可见，尽管学者们围绕网络视频跨文化传播的研究已经不断涌现，其中不乏渗透着"延展模式"理念的扎实成果，但是，真正运用"延展性"概念去探析网络视频跨文化传播实践的研究还很罕见，效果研究更加稀缺。为了弥补这方面的缺憾，本章尝试做一个探索性的案例分析，研究对象是"歪果仁研究协会"制作的网络视频。

三、"歪果仁研究协会"的传播实践

"歪果仁研究协会"是一支由中外青年混搭的网络视频制作团队，成立于2016年末，会长和创始人是一名在北京大学留学的以色列人。他们关注的对象是生活在中国的外国人，通过讨论中国当下最热门的话题，拍摄外国人在中国各地发生的有趣的故事，试图从外国人的视角向世界展示一个立体的、生动的、真实的中国。视频采用中英文双语，跨文化元素丰富，在国内外各类网络平台传播。我们试图结合"延展性"概念，通过对"歪果仁研究协会"的网络视频进行内容分析，并追踪其传播路径和效果，判断其传播延展能力。

（一）概念的指标分解

基于以上对"延展性"概念的阐释，我们将"传播延展能力"分解为"内容吸引力"和"传播延展性"两个方面，以涵盖用户参与内容生产的全过程。其中，"内容吸引力"是指把用户聚拢到媒体账号或者某一视频产品，主要表现为粉丝量和播放量两个指标；"传播延展性"是指把内容扩散出去并广泛传播，一般包含点赞量、转发量和评论量三个指标，在不同的媒体平台上略有区别（见表20-1）。

表 20-1　评估"传播延展能力"的具体指标

一级指标	二级指标	具体指标	
传播延展能力	1. 内容吸引力	1.1	粉丝量
		1.2	播放量
	2. 传播延展性	2.1	点赞量
		2.2	转发量
		2.3	评论量

对具体指标的说明如下：

粉丝量：指媒体所开设账号的订阅用户数量，这一数量是不断变动的。真实的粉丝量数据能较好地反映一个账号的受欢迎程度。

播放量：指网络视频的收看次数，在分析时还可以进一步区分是否完整播放以及播放的时长等。

点赞量：指用户给某一视频或页面点赞的数量，用于评估用户对网络视频或账号的喜爱程度。不同媒体平台上点赞量的定义有所不同，但均能反映出用户主动参与的意愿。

转发量：指用户转发视频的次数，反映了用户参与内容传播的具体行动，在实际评估中还可以区分正向转发和异向转发。

评论量：指网络视频获得用户评论的数量，能够在较大程度上反映用户参与内容生产、传播的热情，在实际评估中还可以区分正向评论和异向评论。

（二）研究发现与数据分析

我们统计了"歪果仁研究协会"截至 2017 年底在国内外六大平台上发布的所有视频，共计 86 条，研究中统计的数据截止日期为 2018 年 1 月 11 日。这些平台包括爱奇艺、搜狐视频、AcFun 弹幕视频网、微博以及 YouTube 和 Facebook，其中，微博平台包含上述"内容吸引力"和"传播延展性"的五大指标数据，其余平台的数据未能全部覆盖。

对于视频内容,笔者将这 86 条视频的主题分为九大类别,每个类别及其对应的视频数量如下:语言文化类 16 条、游戏娱乐类 19 条、社会类 21 条、美食类 6 条、旅游类 6 条、科技类 2 条、经济类 10 条、教育类 5 条、国际类 1 条。这些内容多为当下中国的热点话题或是受众比较关注的问题,如共享单车、外卖小哥、异地恋、相亲、王者荣耀、买房、网购等。

1. 内容吸引力

(1)粉丝量

在笔者统计的"歪果仁研究协会"六大播出平台中,其中五个平台可以看到粉丝量数据,见图 20-1。

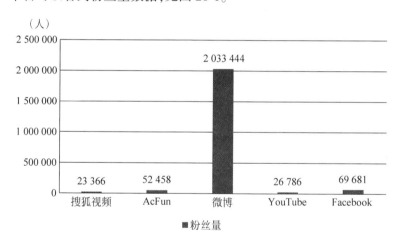

图 20-1 "歪果仁研究协会"在五个平台的粉丝数量

由图 20-1 数据可知,"歪果仁研究协会"的视频播出平台中,微博平台的粉丝数量远远大于其他平台,甚至领先数十倍,而其他四个平台的数量相差不多。由此可见,微博作为中国较大的社会化媒体,拥有非常高的受欢迎度,在网络视频传播中,其内容吸引力大于其他平台,有利于把用户聚拢到媒体账号中来。笔者认为,造成这一现象的原因在于,微博平台作为社会化媒体,其碎片化阅读的适应性较强,具有分散性,用户之间的联系强,有利于内容的相互分享,符合詹金斯"可延展的媒体"概念,内容吸引力较好。而爱奇艺和AcFun作为专业的视频网站,社交性较弱,粉丝数量较少。两个海外平台的粉丝数量也印证了这一点,Facebook作为海外社会化媒体,其社交属性与微博有一定的相似性,而YouTube则为专业的视频网站,传播延展能力相对较差。

(2)播放量

笔者统计了"歪果仁研究协会"86条视频在六大播出平台的播放量,并按主题分类。统计发现,这86条视频并非都在所有平台播出,有些视频仅发布在其中的某几个平台,故笔者按照各平台每类视频的条数,计算各类视频在每一平台上的平均播放量以及在所有平台的单条视频平均播放量,统计结果如表20-2所示。

表20-2 "歪果仁研究协会"视频在六大平台的平均播放量

分类	视频数量	爱奇艺平均播放量	搜狐视频平均播放量	AcFun平均播放量	微博平均播放量	YouTube平均播放量	Facebook平均播放量	所有平台平均播放量
语言文化	16	104 455	23 093	255 186	7 808 333	53 937	493 600	1 456 434
游戏娱乐	19	68 910	18 452	197 286	5 593 333	51 321	197 666	1 021 162
社会	21	68 489	17 608	89 596	3 985 789	49 692	93 000	717 363
美食	6	89 664	15 503	335 667	7 880 000	71 360	33 000	1 404 199
旅游	6	96 048	33 764	171 666	5 217 500	7734	70 500	932 869
科技	2	92 250	22 785	135 330	7 960 000	50 326	116 500	1 396 198
经济	10	88 930	16 973	181 919	7 054 000	46 937	115 333	1 250 682
教育	5	105 130	22 000	91 791	4 310 000	35 267	—	912 838
国际	1	—	—	—	—	—	27 000	27 000

注:"—"表示该类视频未在该平台传播。

从平均播放量的指标来看,不同类型的视频内容在所有平台的单条平均播放量数据差异较大。其中,语言文化类网络视频平均播放量最高,美食类次之,而其他内容的平均播放量相对较低。因此,从传播内容的角度分析,"歪果仁研究协会"传播的网络视频中,语言文化类视频的内容吸引力较大,传播延展能力较好。为了探索"歪果仁研究协会"网络视频的跨文化传播效果,笔者进一步统计这86条视频中在YouTube和Facebook上传播的50条视频,并计算它们在这两个海外播出平台上的单条平均播放量,如表20-3所示。

表20-3 "歪果仁研究协会"视频在海外平台的平均播放量

分类	视频数量	YouTube平均播放量	Facebook平均播放量	海外平台平均播放量
语言文化	11	53 937	493 600	273 768
游戏娱乐	9	54 213	197 667	125 940
社会	11	49 692	93 000	71 346
美食	4	71 360	33 000	52 180
旅游	3	7734	70 500	39 117
科技	2	50 326	116 500	83 413
经济	6	46 937	115 333	81 135
教育	3	35 267	—	35 267
国际	1	—	27 000	27 000

注:"—"表示该类视频未在该平台传播。

数据统计发现,在海外社交网络平台上,仍然是语言文化类视频的吸引力最强,传播效果最好,其次是游戏娱乐类和科技类。

2. 传播延展性

在Facebook上,除了给某一条具体内容点赞外,用户还可以给一个页面点赞(Like),相当于订阅了这个页面,该页面的所有更新都会发送到用户的新闻订阅里(News Feed)。"歪果仁研究协会"在Facebook上的账号点赞数量是64 487次,而粉丝数量是69 681个,点赞率较高,达到92.5%。这说明"歪果仁研究协会"的视频在海外社会化媒体Facebook上较受用户喜爱,延展性和传播效果较好。

（1）点赞量

至于具体对视频内容的点赞量，在笔者关注的"歪果仁研究协会"六大播出平台中，微博、YouTube 和 Facebook 的点赞特点较明显，在这三个平台传播的视频共有 73 条。同样按照上述方法，统计其平均点赞量，结果如表 20-4 所示。

表 20-4 "歪果仁研究协会"视频在三个平台平均点赞量

分类	视频数量	微博平均点赞量	YouTube平均点赞量	Facebook平均点赞量	海外平台平均点赞量
语言文化	12	25 627	376	6189	3282
游戏娱乐	15	16 519	413	3497	1955
社会	19	15 375	330	1378	854
美食	5	23 393	359	555	457
旅游	5	16 596	94	1323	709
科技	2	22 636	275	2523	1399
经济	10	21 728	681	1652	1166
教育	4	16 305	480	—	480
国际	1	—	—	1150	1150

注："—"表示该类视频未在该平台传播。

从点赞量来看，无论是微博平台还是海外平台，"歪果仁研究协会"的视频内容中，仍然是语言文化类内容的延展性更强，传播效果较好。而其他类型的内容在海内外传播平台上的点赞量则有所差异，例如，美食类视频内容在微博上获得的点赞量较高，仅次于语言文化类，而在海外平台中，其点赞量在所有类别中最低；游戏娱乐类内容在海外平台的点赞量较高，但在微博平台上则相对较低。

（2）转发量

转发量是衡量延展性的另一个重要指标，体现了用户主动参与内容传播的行为。在笔者统计的视频中，微博平台和 Facebook 平台的转发情况表现较为明显，微博上称之为"转发"，Facebook 上表现为"分享"。两个平台上用户转发"歪果仁研究协会"视频内容的数量统计如表 20-5 所示。

表 20-5 "歪果仁研究协会"视频在微博和 Facebook 上的平均转发量

分类	视频数量	微博平均转发量	Facebook 平均转发量
语言文化	13	18 596	2481
游戏娱乐	15	10 983	1252
社会	19	10 229	299
美食	5	15 932	111
旅游	5	11 457	270
科技	2	78 632	810
经济	10	16 837	451
教育	4	5555	—
国际	1	—	114

注:"—"表示该类视频未在该平台传播。

从表中数据可以得出,在微博平台和 Facebook 平台,"歪果仁研究协会"发布的视频中语言文化类内容的平均转发量较高。然而,在微博平台的传播中,科技类内容的转发量远远高于其他内容,达到 78 632 次。笔者发现,这是因为"歪果仁研究协会"在 2017 年 9 月 13 日发布的短视频"歪果仁吐槽新 iPhone"在微博上取得了良好的传播效果,播放量达到 796 万次,转发量是 78 632 次,说明新 iPhone 的面市较受用户关注,因而用户更乐意主动参与到内容的传播当中,导致该视频内容的延展性较好。

(3)评论量

评论是社交网络用户参与互动的另一种积极方式,评论量可以反映网络视频内容的话题性。在笔者统计的六大播出平台中,仅微博平台的评论属性表现突出,其各类视频内容获得的平均评论数量如表 20-6 所示。

表 20-6 "歪果仁研究协会"视频在微博上的平均评论量

分类	视频数量	微博平均评论量
语言文化	12	7139
游戏娱乐	15	3519

续表

分类	视频数量	微博平均评论量
社会	19	3005
美食	3	7404
旅游	4	3355
科技	1	28 276
经济	10	5450
教育	4	2943
国际	0	—

注:"—"表示该类视频未在该平台传播。

对评论量指标进行评估后发现,科技类和美食类表现突出。科技类视频内容评论数量较多的原因,仍然是上文提到的视频"歪果仁吐槽新 iPhone"在微博上受到广泛关注,单条视频的评论数量达到 28 276 条。笔者发现,"歪果仁研究协会"在发布这条视频时,与受众进行互动,发文称:"转发+关注送一台新 iPhone",吸引了较多用户,加之新款 iPhone 话题本身就广受关注,因此该条视频的话题性较强,评论数量多。

(三)对语言文化类视频的个案剖析

研究发现,语言文化类视频内容的播放量、点赞量一般排名比较靠前,转发量和评论量也较高,内容的吸引力和延展性都表现突出,跨文化传播效果较好。样本涵盖的 16 条语言文化类网络视频中,在海外平台各项传播指标最高的是以下两条——"歪果仁被中式英语带跑偏后"和"自从歪果仁被中国方言虐到怀疑人生以后"。为了探索这类内容在跨文化传播中的延展性,笔者选取网络视频"歪果仁被中式英语带跑偏后"在 Facebook 上的传播情况,具体分析其跨文化传播的延展性。

"歪果仁被中式英语带跑偏后"是 2017 年 9 月 19 日发布在

Facebook 平台上的,截至 2018 年 1 月 11 日,视频播放量达 190 万次,分享次数达到 1 万次,获得点赞 2.3 万个。该条视频在 Facebook 上的内容吸引力和传播延展性较高,跨文化传播效果良好。根据上文可知,"延展性"是技术和文化两方面的潜力,因此我们从这两个层面进行剖析。

从技术层面看,Facebook 成立于 2004 年,是美国最主要的社交网站之一,属于社会化程度较高的媒体,拥有易于内容传播的技术资源。用户在 Facebook 上发布内容相对其他专业视频网站较容易,如果内容得到用户的认可,用户可以十分便捷地将内容分享给其他人,因为该平台上存在通过交换有意义的字节使人们彼此连接的社会网络。在内容分享和交互方面,Facebook 作为业内的翘楚,已经申请多项专利。除了内容推送和分享的相关专利外,还提出了一些新的交互方式。2011 年,Facebook 申请两项新的专利技术,基于用户提交内容上所标记的兴趣点,自动返回其他用户提交的包含上述兴趣点的内容。[1]因此,Facebook 属于自身延展性较好的社会化媒体,为"歪果仁研究协会"的网络视频传播提供了较好的技术资源和平台基础。

从内容层面看,跨文化传播研究常强调两种或两种以上文化的文化变量。[2]"歪果仁被中式英语带跑偏后"这条视频中包含许多中国人说中式英语的有趣现象,彰显了东西方语言文化的差异,同时通过呈现外国人受中式英语影响后的一系列诙谐幽默的故事来展现视频主题,内容吸引力较强。在詹金斯的"延展模式"传播路径下,更易于被用户分享的内容具有以下特点:对用户有用、轻便、

---

[1] 夏鹏,王从雷.社交网络信息推送与分享相关专利分析[J].电视技术,2013,37(S2):176-177.
[2] 普罗瑟.文化对话:跨文化传播导论[M].何道宽,译.北京:北京大学出版社,2013:67.

可重复使用、与大多数用户相关、题材稳定。[①]这条视频大体符合上述特征：内容涉及中式英语的特点及其对外国人的影响，属于英语国家用户较关心的话题；体量上较轻便，时长仅为3分2秒，易于在社会化媒体上播放和分享；对用户而言，视频内容循环性较强，可重复观看；用户想了解中国文化、中美语言差异、外国人在中国语言交流等问题时，都可参考和借鉴该视频；该视频属于"歪果仁研究协会"一贯关注的内容领域范围，内容垂直性较强，题材稳定。

四、结论、讨论与未来研究方向

根据詹金斯的观点，"延展模式"的传播路径与传统的"广播模式""黏性模式"不同，前者更强调内容的参与性和可分享性。"歪果仁研究协会"的网络视频传播产生于社会化媒体时代，作为网络视频自媒体，这一机构自身也是社交网络用户，生产的内容易于被用户分享，通过社交平台的放大效应，引导用户关注并转发、评论视频，具有较强的"延展性"，符合"延展模式"下的内容跨文化传播规律。

"歪果仁研究协会"仅仅是跨文化视野下网络视频传播的一个民间机构个案，有一定的局限性，但是由于其内容上的文化杂糅和技术上的社交平台属性，为"延展性"概念补充了比较典型的分析素材，为我们理解新媒体时代的传播现象提供了一个新颖的思考方向。未来可供继续研究的话题包括：国家、新闻媒体、个人等传

[①] Jenkins H, Ford S, Green J. Spreadable Media: Creating Value and Meaning in a Networked Culture[M]. NYU press, 2013: 197-198.

播主体的跨文化视频传播如何体现"延展性",如何将延展性逻辑更好地运用于"讲好中国故事"的传播实践中,"限时分享"(或"阅后即焚")的信息流模式给网络视频传播的延展性要求带来哪些挑战等。

(原载《新闻与写作》2019年第1期,原题为《延展性逻辑下网络视频的跨文化传播——基于"歪果仁研究协会"86条视频的实证研究》,作者为刘滢、吴潇)

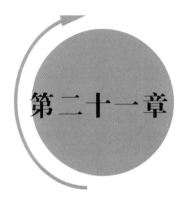

第二十一章

外籍记者上两会：讲好中国故事、创新话语表达的案例解析

讲好中国政治故事是讲好中国故事的应有之义。然而，作为中国一年一度的政治盛事，全国两会新闻的对外传播一直是困扰中国新闻业的难题。① 如何向国外受众阐述"中国式民主"的理念、现状、优势、特色？多年来，主流媒体采用过各种方式方法：通过个案解释一个代表、委员是如何被选举的，用动画、动漫演示两会的议题议程，在稿件中增加背景知识帮助外国受众理解……但是，这些做法的收效有限，文化差异和政治体制不同带来的隔阂依然阻碍着中国新闻在国际舆论场上的畅通传播。

2017年的全国两会首次出现来自中国主流媒体的外籍记者和专家参与报道。中国对外传播媒体聘请外籍专家、记者、通讯员从

---

① 严文斌.新华通讯社面临在自家门口的新闻竞争——谈新华社如何做好"两会"的对外报道[J].对外大传播，2007(03)：17-20.

事新闻报道活动由来已久。这些外籍人士不仅在中国媒体的驻外分支机构发挥着重要作用,而且在媒体总部对稿件的编辑、把关、润色环节不可或缺。他们既是中国新闻对外传播的"润滑剂",也是语言转换、跨文化沟通的"黏合剂"。此次中国主流媒体不约而同地派出外籍记者出境报道两会,把他们从"幕后"推向"台前",是一种新的尝试和突破。

其中,新华社首次派出来自英国的海伦·本特利(Helen Bentley)和来自埃及的穆小龙(Mohamed Ragab)报道两会;《中国日报》推出由美国专家艾瑞克·尼尔森(Eric Nilsson)报道的原创新闻栏目《艾瑞克跑两会》;中国国际电视台(CGTN)也选派了来自全球各分社的外籍记者进入两会现场进行报道。这些记者大多是富有经验且了解中国的外籍专家,通过视频、现场直播等方式在Twitter、Facebook 和 YouTube 等海外社交网络进行传播,以此来报道"中国式民主"的进程,讲解两会知识。

中国主流媒体派出的外籍记者是如何讲述中国政治故事的?经由哪些路径向海外传播?效果如何?本章通过对新华社、《中国日报》、中国国际电视台这三家中国主流媒体推出的外籍记者、专家报道两会节目的案例分析,对以上问题展开探索性的研究。

一、外籍记者报道两会的创新方式

在国际传播中,记者具有自身的文化倾向。① 在中国媒体工作的外籍记者首先要超越自身经历的文化冲突,领悟中国的国情、国策以及中国媒体的报道方针,在对外报道中才能游刃有余。

从报道内容来看,向外国受众解释两会知识、两会热词仍然是

---

① 伽摩利珀. 全球传播[M]. 尹宏毅,译. 北京:清华大学出版社,2008:249.

外籍记者的首要任务。此外,报道主题还包括中国的经济发展、政府工作报告、"一带一路"、环境保护、文物保护、二孩政策等,涉及两会新闻的各个方面。外籍记者往往用比较活泼的语言和风格采访报道,使用生动形象的比喻进行解说。

(一)报道题材拓展:中国式民主的特色与作用

两会是什么?两会在中国政治格局、政治生活中的地位与作用是什么?国外的受众不甚知晓,这也正是外籍记者报道的一个努力方向。

1. 在"知识讲解"中讲政治故事

由新华社外籍记者海伦·本特利报道的《外籍记者跑两会》栏目在第一期就推出了"中国两会原来如此重要"专题,解释了"什么是两会?""怎么开?""在哪开?""人代会和政协大会都有哪些职责?"等问题。这些在国内大部分人看来是"扫盲式"的报道题材能快速而有效地让国外受众知晓"中国式民主"的优势和特色,将关于国家政治制度的传播巧妙地渗透进"知识讲解"当中,具有"四两拨千斤"的效果。

《和库恩一起走近中国》是中国国际电视台开设的一档周播节目,该节目通过与中国各部门的政策制定者和意见调查员的密切讨论,给受众讲述真实且复杂的中国故事。节目的主持人由世界知名的中国政治、经济评论员罗伯特·劳伦斯·库恩(Robert Lawrence Kuhn)担任,他也曾在BBC、CNN、彭博社、《中国日报》以及《南华早报》担任专栏作家。2017年两会期间,中国国际电视台借用这一栏目,制作了一期名为《2017中国两会——中国人民政治协商会议如何影响中国政府》的两会特别节目。该节目时长29分钟,在海外社会化媒体YouTube播出。

在片头,主持人来到天安门广场,走进人民大会堂,开始介绍中国两会。画面接着呈现了人大代表入场前被媒体追问的热闹场景,随着主持人走进人民大会堂,画面开始播放会场内的景象。此时,主持人开始介绍人大会议的进程以及人大所起到的作用。接下来,主持人又来到记者区,他表示,最令其震惊的并不是在记者会上人们讨论的话题,而是中国记者们不断追问的热情以及人大代表、政府官员和记者们之间的讨论状态。而这正是两会中体现"中国式民主"的重要方面。

主持人库恩对政协委员黄洁夫的访谈贯穿了节目的后半部分。在访谈中,主持人和黄洁夫委员就政协会议、政协的作用、政协的工作机制等具体问题做了讨论。通过二人的讨论,向海外受众介绍了中国的政治协商制度。

2. 用恰当提问引发思考

外籍记者对两会的报道题材没有局限于传播两会知识,他们还就具体的提案进行了报道。仍然以《和库恩一起走近中国》为例,主持人库恩采访了政协委员杨佳。作为视力有障碍的委员,杨佳2017年的提案就是关于中国残障人士的教育问题。这之后,库恩还采访了政协委员周明伟,他就政协近年来的改变和发展发表了看法。

在节目最后,主持人总结了自己的观点,他认为中国媒体的进步所带来的中国公众意识的觉醒,使政治协商会议所起到的作用越来越大。但是,"随着中国社会的逐渐复杂化,政治协商会议是否能够继续保持其有效性?"这是库恩为这期节目提出的最终问题。而这种思考一定程度上体现了这则报道的客观性,使报道的主体——展现"中国式民主"的话题更易于被国外受众接受。

（二）报道视角突破：时空穿梭与采访日记

除了传统的新闻报道和对外传播外，外籍记者报道两会在视角上也有新的突破。最典型的是《中国日报》打造的两会热词创意视频和中国国际电视台推出的外籍记者个人采访日记。

1. 从历史视角讲述中国发展

2016年两会期间，来自英国的方丹就曾通过一个创意视频，从自家厨房到天安门，再到前门大街，边走边讲解了自己对中国两会的理解。2017年，方丹和《中国日报》一起再次制作了一个解读两会的视频，而这一次，他关注的重点是两会历年来的热词（buzzword）。

这是一个时长4分20秒的视频，在视频中，通过后期技术，方丹化身闯入巨人国的一个小人，走在自己的办公桌上，闪转腾挪、穿越时空，讲述了改革开放以来中国两会热词的转变。方丹首先来到1978年，在其身旁摆放着一本当年以邓小平为封面的《时代周刊》，也正是那一年，中国开启了全国范围的改革开放。在这之后的十年，两会热词一直和改革开放紧密联系在一起："个体户""特区""外资"都是曾经的两会热词。这之后，站在电脑顶端的方丹又进入到20世纪90年代，"入世"和"全球化"成为新的两会热词。时间拉回现在，"中国梦""一带一路""精准扶贫""反腐""供给侧改革"等成为最新两会热词。在方丹看来，两会最热的词是《习近平谈治国理政》中最频繁用到的一个词——"人民"。

在视频的最后，身高正常的方丹出现在视频中，并和"小人版"的自己对话。在这段创意十足、技术支撑的视频中，带给海外受众的不仅是历年的两会热词，更是中国的发展故事。历史的视角给报道带来了厚重的纵深感，中国发展的成就也通过两会关键词的

第二十一章 外籍记者上两会：讲好中国故事、创新话语表达的案例解析

串联，呈现得合情合理，入耳入心。

2. 从外籍记者采访经历侧面反映两会开放程度

作为两会报道三千多名记者中的特殊人群，中国主流媒体的外籍记者一出现就引起大量关注，很多媒体都报道了这些外籍记者参与两会报道的情况，其所在媒体更把这些专栏与报道当成两会报道亮点进行推介，关注他们的报道方式与国内记者有什么不同。例如，中国国际电视台采用第一人称视角的方式报道了外籍记者参会报道的详细情况。

中国国际电视台派出了四位外籍记者进入会场，报道2017年全国两会。这些记者具备娴熟的采访技能和丰富的采访经验，例如，高级财经记者玛蒂娜·福克斯（Martina Fuchs）不仅掌握九门语言，还拥有三个硕士学位和一个学士学位；来自CGTN非洲台的记者罗伯特·纳吉拉（Robert Nagila），人送外号"非洲水均益"，有14年电视报道经验。CGTN新媒体编辑部跟随着这些外籍记者，记录他们报道两会的状态，并播发于海外社交网络平台。

这些视频并非直接关注两会内容，而是将镜头对准参与两会的外籍记者，记录他们报道两会的特别经历。在对罗伯特的采访视频中，他表示自己不仅要报道两会新闻，更要向非洲传递来自中国两会的、与非洲人切身利益相关的声音。跟随玛蒂娜采访的视频长达5分钟，记录了她从早晨8：50采访、拍摄、制片到下午2：00成品播放的整个过程，其间她的采访被终止过，新闻成片的审核也是在播出前的最后一分钟完成。这种第一人称的报道视角所带来的直观、真实令人印象深刻，也从侧面反映了中国两会的开放程度。

（三）报道样态创新：比喻、直播与教育

中国主流媒体派出的外籍记者在报道两会时，不仅注重题材

和视角上的推陈出新,在节目的样态上也花招频出,推出不少让人眼前一亮的新颖节目。

1. 开着汽车讲解中国经济问题

新华社报道《"驾驭"中国经济需要"好司机"》中,外籍记者海伦坐在一辆正在行驶的汽车中,将中国经济发展比作开车,运用"讲解+动态数据"的方式,向外国受众绘声绘色地讲解应该如何看待中国经济增速放缓问题。

在这一时长仅为4分20秒的短视频中,海伦·本特利坐在中国男同事驾驶的汽车副驾驶座位上,向外国受众分享她对中国经济的观察和见解。海伦首先使用玩具车演示了"中国经济发展靠什么?中国经济驶向何方?"这一问题。她解释汽车要跑起来最先需要加油,这就好比经济学上的财政政策,加油、踩油门,这样车就启动了;开车时需要双手控制方向盘,否则就会跑偏,最坏的结果就是失控(crash)。讲到失控时,视频中的汽车也突然急刹车,随后出现显示"crash"一词的动漫图,这样的表现方式一方面充分演绎和表达了汽车失控时的状态,另一方面也暗示了经济失控带来的危害。

之后,海伦又先后向观众解释了关于中国经济发展的四个问题。第一个问题是"经济增长速度该多快",为了解释这一问题,随着海伦单手拉动汽车天窗的动作,视频出现了包含中国经济增速数据的动态立体图表,在旁白的解说和不断变换的图表下,分析了中国经济增速虽然速度放缓但对全球经济增长贡献依然显著。在解说时,为了表达中国经济的转型状态,海伦将中国比作大马力汽车,就像大马力发动机需要消耗更多燃油,中国的大经济体量就需要更多的劳动力;在解说这一段的同时,视频中也出现了汽车发动机转速表盘,从视觉上展现了大马力发动机的动能。

视频借用相同的表现手法,又依次解释了"速度慢一点该担忧

第二十一章 外籍记者上两会：讲好中国故事、创新话语表达的案例解析

吗？""中国经济增长依靠消费驱动、创新驱动""中国经济需要绿色发展"等问题。这一视频运用生动有趣的比喻和演示，在短短 4 分 20 秒的时间内解释了国外受众最关注的两会新闻之一——中国经济的增速。适时的镜头转换、动态数据的添加等手法有利于对中国缺乏了解的海外受众更具体、清晰地理解中国经济的现状以及未来的发展态势。

2. 频繁使用直播与受众互动

在外籍记者的报道中，直播的形式也被频繁使用。来自新华社的外籍记者海伦·本特利和穆小龙，在海外社交网络平台 Twitter 以及手机直播应用 Periscope 上进行了多次针对两会的直播。这些直播时长不定，有的长达 30 分钟，也有的仅 10 分钟左右。直播人员包括外籍记者、中国记者和两会代表委员等。记者们在直播时首先介绍当天的讨论话题，记者讨论和介绍后会积极和在线受众进行互动，回答来自评论区的问题；参与人员涉及两会代表、委员时也常会包含对他们的介绍，讲述他们的故事和提案。

直播的类型虽简单，却也是最直接的。每期互动讨论回答海外受众最关心的话题，包括军费预算、"一带一路"议题、环境、文物保护、二孩政策等一系列两会热词，直播观众往往达到三千至六千人。相对于录播而言，直播有较大的风险，内容和形式上的把控难度更大。让外籍记者来直播报道两会需要大量的前期沟通和准备，以及长期建立起来的信任关系，才能确保直播顺利。

3. 寓两会知识于汉语教学之中

语言和文化的差异始终是对外传播的障碍，汉语的广泛传播有助于国际受众对中国文化的理解，因此，对外汉语教学就显得尤为重要。《艾瑞克跑两会》是《中国日报》推出的原创新媒体两会特别栏目。不同于之前所提到的案例，这一栏目更强调在不到 2 分

钟的时间内快速向海外受众传播两会知识。该栏目由《中国日报》一名资深外籍专家艾瑞克播报，从2017年3月4日推出，通过12天、12个两会词汇、12个微视频介绍中国两会。

"大家好！欢迎收看'艾瑞克跑两会'——关注《中国日报》，学习两会中文。我是主持人艾瑞克。"每期节目，艾瑞克都会以这样的方式开始，接下来便会用中英文分别介绍要讨论的词汇。这一节目如同词典解释或者课堂教学，视频中会用田字格加汉语拼音的方式呈现当天的词汇，这些词汇在每条视频中出现两到三次。两会期间，艾瑞克向国际受众介绍了"两会（人大、政协）""政府工作报告""人民大会堂""议案/提案""民法总则草案""代表委员"和"部长通道"等词汇。

二、外籍记者报道两会的国际传播效果

为了评估2017年中国主流媒体的外籍记者和专家报道两会的国际传播效果，我们抽样考察了新华社、《中国日报》和中国国际电视台这三家媒体推出的外籍记者报道两会节目，在Facebook、Twitter、YouTube、Periscope等海外社交网络平台上的传播效果。

选择海外社交网络平台作为评估对象主要基于以下考虑：第一，2017年中国主流媒体推出的外籍记者报道两会节目主要通过海外社交网络平台直接抵达国际受众；第二，近年来海外社交网络已经成为中国主流媒体国际传播的一个重要平台；第三，海外社交网络上的国际用户反馈直接、直观，便于进行效果评估。

3月12日，我们对已经在海外社交网络平台播出的6个外籍记者报道两会节目进行了抽样数据统计。其中，新华社选取了《外籍记者跑两会》栏目的《"驾驭"中国经济需要"好司机"》微视频和

第二十一章 外籍记者上两会:讲好中国故事、创新话语表达的案例解析

一个关于二孩政策报道的直播节目;《中国日报》选取了《两会热词》微视频和《艾瑞克跑两会》的第二期"政府工作报告";中国国际电视台选取了玛蒂娜·福克斯的《两会日记》,以及《和库恩一起走近中国》的一期节目。

以社交网络为代表的社会化媒体具有吸引用户参与、互动性强、"病毒式"传播的特征。因此,对于一则报道在海外社交网络平台传播效果的评估,最重要的指标是传播延展能力。这一指标包含两个层次:一是吸引力,表现为浏览量、观看量和收藏量的增加,对于某一账号而言还表现为粉丝量的增加;二是延展性,表现为点赞量、转发量和评论量等。①

1. 报道吸引力

数据分析发现,中国主流媒体的外籍记者两会报道节目对于国际受众具有一定的吸引力。从统计的 6 个节目在各个海外社交网络平台的浏览量、观看量来看,普遍具有一定的规模。在统计时间内,最高的是《中国日报》的《两会热词》,在 Facebook 上的浏览量达到 462 234,在 YouTube 上的观看量达到 119 579。新华社《外籍记者跑两会》直播节目在 Twitter 上有直播观众 6200 人,在 Periscope 上有直播观众 3120 人,重播观众 3147 人,在新闻直播类节目中也属于比较受欢迎的。

可见,中国主流媒体 2017 年推出的外籍记者报道两会节目比较有效地吸引了国际受众的眼球,不仅在海外社交网络上实现了落地,更聚拢了一些国际受众人气,使他们对来自中国的政治新闻产生了一定兴趣。当然,也有一些节目因为推送时间、推广方式等原因,吸引力较差。

---

① 刘滢. 国际传播:全媒体生产链重构[M]. 北京:新华出版社,2016:149.

2. 报道延展性

个别节目点赞量、评论量、心情数、分享数较高，具有较强的延展性。例如，新华社在 Periscope 上的直播点赞数为 1641；《中国日报》的《两会热词》在 Facebook 上的评论量为 207，心情数是 3.4 万，分享数为 1102；中国国际电视台《两会日记》在 Facebook 上的心情数为 1486。这些数字表明，中国主流媒体的外籍记者报道节目唤起了国际受众参与、分享的热情，他们乐于进行互动，并把报道扩散出去。

以一个具体的评论为例。在中国国际电视台《两会日记》视频的片尾，玛蒂娜表示这真是一次火急火燎的任务，自己从早晨 4 点开始就没有吃过任何东西。在 Facebook 上，该条视频的延展性也较高，其中不乏对外籍记者的夸赞。例如，用户 Huijie Qin 评论说："这些任务真的是不可能完成的任务，我不能想象她的工作有多努力，这其中还包括语言的习得。"

简言之，中国主流媒体的外籍记者报道两会的部分节目表现出了一定的延展性，但整体来看节目的内容制作水平等还有待提高，一些节目的互动情况还不理想，转推数、评论量、顶量等指标还有较大提升空间。

（原载《中国记者》2017 年第 4 期，原题为《外籍记者上两会——讲好中国故事、创新话语表达的案例解析》，作者为刘滢、王笑璇）

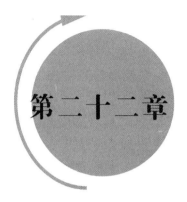

第二十二章

电视媒体抗击新冠肺炎疫情报道内容传播新趋势

新媒体时代,如何将传统电视媒体的优质内容转化为数字平台的传播优势一直是亟须破解的难题。2020年抗击新冠肺炎疫情报道为电视媒体数字化转型提供了契机。本章从人性化、话题化、碎片化三个方面剖析此次视频报道的特点,以探寻未来电视媒体的转型趋势。

随着传统媒体数字化转型进入深水区,一对矛盾日益凸显:一方面,新媒体平台层出不穷,优质内容成为稀缺品;另一方面,传统媒体长期积累的优质内容资源得不到有效利用,传播效果有待提升和优化。因此,如何将传统电视媒体的优质内容转化为数字平台的传播优势成为业界亟须破解的难题。抗击新冠肺炎疫情报道为电视媒体深化数字化转型提供了契机,中央广播电视总台等新闻机构借助新媒体平台的传播规律和特点,创新传统电视内容的传播模式,在人性化、话题化、碎片化等方面持续发力,成为人类命运共同体理念引领下电视媒体转型的新趋势。

一、人性化选材:"以人为本"报道理念的创新发展

人文主义是照耀新闻业的一盏明灯。阿伦·布洛克认为,人文主义涉及两大核心,一要关注人与人的经验,二要尊重人的尊严。① 学者童兵提出,现代新闻观需要人文精神的指导与充实,才能完成新闻肩负的历史使命和社会角色定位。② 数字化时代,"以人为本"的报道理念在新媒体平台得到新的发展。

(一)内容层面

首先,"以人为本"的理念要求报道以人为核心,突出人的故事。当下,全球范围内跨文化讲述各国民众守望相助的故事,邀请普通人讲述自己亲身经历的故事成为新常态。疫情期间,总台央视新闻在新媒体平台一方面报道和转发大量普通人的抗"疫"故事,如教科书式自我隔离的武汉大学生、两次献血的康复患者、东京街头发口罩的华人女孩、自制防疫指南视频的意大利奶奶;另一方面采访连线大量新冠肺炎疫情亲历者,如抗"疫"一线的护士和社工、出院的康复者等。同时,央视新闻多次在网络直播栏目《共同战"疫"》中邀请外国网友出镜,分享感受和现场见闻,如美籍视频博主马思瑞讲述他在美国的个人隔离见闻,美国视频博

---

① 阿伦·布洛克.西方人文主义传统[M].董乐山,译.北京:群言出版社,2012:164.
② 童兵.科学和人文的新闻观[J].新闻大学,2001(02):5-9.

主郭杰瑞现场介绍并展示了纽约中央公园的临时野战医院等。不仅如此,这两次直播分享并没有总台主持人参与问答讨论或进行现场协助拍摄,而是充分利用互联网通信技术的特点,由外国视频博主独立完成,突出人的故事和人的感受在报道中的核心地位。

利用自身品牌资源,总台还分享了大量普通人的优秀作品。以哔哩哔哩(B站)平台为例,央视新闻多次与各类网络视频博主合作联名推出视频,如科普视频《医学博士:为什么说"免疫力"是对抗病毒的"特效药"?面对疫情该怎么做?》、动画短片《疫情期间那些事》、视频作品《今天10点的武汉》、航拍视频《倒计时三天!静待武汉重启》等。这些视频均围绕人面临的问题、人的需求、人的体验选材,内容呈现极具人性化的共同特点,也因此引发普遍共鸣。

其次,"以人为本"的报道理念要求新闻内容关注日常生活。在突发新闻瞬间传遍全网的时代,于平凡细微处发掘的民生故事常常令人感动。新冠肺炎疫情暴发后,《央视记者武汉 Vlog》系列将镜头转向武汉普通居民的衣食住行,视频《Tony 老师不在的第 N 天……想他!》则分享了多名网友自行理发后的"原创成果",以轻松幽默的形式呈现了大家无法出门理发的窘境。充分贴近普通人的日常生活,在人的衣食住行等基本需求中寻找新闻热点,这是新媒体时代国家级媒体内容转型的重要方向,总台在这次疫情报道中进行了大胆尝试。

最后,"以人为本"的报道理念要求新闻内容表现对生命的尊重。新媒体时代的典型报道更强调建设性和趣味性,灾难中的英雄也是有情有义、有喜怒哀乐、生动有趣的平凡人。央视新闻在如实报道 2020 年新冠肺炎疫情时,着重选择正义、智慧、坚强、乐观、勇敢、无私的人物形象,如对儿子说"妈妈去武汉打怪兽"的支援医生、称自己住在"幸运房"的乐观患者、用四种语言喊话居民不要出门的警察、帮助武汉居民买药的"药袋哥",等等,对这些平凡英雄人物的选取不仅是对优秀精神品质的鼓励和宣扬,更是对疫情中人们的安慰与支持。疫情期间这些感人而有趣的人物形象让大家在行为上保持警觉,心态上保持乐观。

(二)呈现方式

首先,"以人为本"的报道理念要求保护新闻相关人的隐私权。新传播技术为隐私权的保护带来更大的挑战,这提醒新闻工作者在从事报道活动时需格外谨慎。隐私权保护包括受访者隐私保护、第三人隐私保护和合法的新闻材料来源保护。① 过去在新闻报道中常用化名的方式保护新闻相关人的隐私。在数字时代,随着音频、视频、360度全景视频、虚拟现实(VR)等新媒体技术的出现,保障相关人正当权益的措施需要全方位升级,仅采用化名的做法远远不够。新冠肺炎疫情期间,央视新闻对被感染者信息进行了全方位保护,例如,发布于哔哩哔哩平台的《总台央视记者探访武汉隔离病房》视频在拍摄过程中尽量回避出现患者画面,在无法避免时对画面采取大面积模糊处理;发布于微博平台的《重症病例救治纪实》中,只采用了医生与患者的对话音频,搭配医院过道医护人员走动的画面,并以文本形式说明"为尊重患者隐私,对其个人影像予以保护";央视记者在采访无症状感染者时,画面仅呈现手机的动画图案,被采访者的姓名、容貌、手机号码、接听时间等信息则未出现。

其次,"以人为本"的理念要求报道在呈现方式上关心受众的心理健康。人们看到或听到他人的创伤经历,由于过度同情和共情会使自己的身心受到困扰,可能出现替代性创伤。《抗新冠肺炎

---

① 张新宝.言论表述和新闻出版自由与隐私权保护[J].法学研究,1996(06):32-45.

心理自助手册》指出,普通百姓是替代性创伤的潜在易感人群。替代性创伤的具体表现包括人们因网络上的感人故事造成生理和心理出现不适感①,媒体在呈现形式上需要避免出现过于悲惨的场景或营造过于哀伤的气氛。2020年4月4日,全国举行哀悼活动,哀悼在抗击新冠肺炎疫情斗争中牺牲的烈士和逝世的同胞。央视新闻在沉痛悼念的同时,于当日下午以"举国同悲,举国同心,举国同进"号召人们化悲伤为力量;当晚《主播说联播》短视频中表示:"14亿同胞的自觉汇集在一起,见证的是一个民族的凝聚力,彰显的是同胞之间悲喜与共、守望相助的精神。"这种视角为人们当日陷入哀思的精神状态寻找到积极向上的情感突破口,尽可能避免了受众长时间陷入悲伤形成心理障碍的可能。

二、话题化分类:媒体议程与受众议程"交相呼应"的新阶段

议程设置理论认为,大众媒体要为人们应该关心的内容设置议程。② 数字时代,媒体与受众的议程设置变得更为复杂,因为新媒体的助力使受众由被动接受信息转变为主动搜寻信息,媒体的议程设置受到受众的影响。有研究表明,传统媒体环境下媒体为受众设置议程的模式,已变化为新媒体环境下受众与媒体双向互动设置议程。③

---

① 《抗新冠肺炎心理自助手册》编委会.抗新冠肺炎心理自助手册[M].北京:世界图书出版公司,2020:15-17.
② McCombs M E, Shaw D L. The agenda-setting function of mass media[J]. Public Opinion Quarterly, 1972, 36(2):176-187.
③ 蒋忠波,邓若伊.国外新媒体环境下的议程设置研究[J].国际新闻界,2010,32(06):39-45.

在疫情报道中，媒体议程表现出与受众议程"交相呼应"的景象。例如，2020年1月23日，网民在百度搜索网站对"口罩"的搜索量达到近十年来的顶峰，"N95口罩""口罩价格"成为最热门的相关词；之后口罩开始出现在媒体报道中，从统计数据可以明显看出，媒体关注着受众议程的变化趋势，新闻报道议题有意呼应民众当时最关心的话题。

疫情期间，央视新闻在国内社交媒体平台发布的《主播说联播》和《央视记者武汉Vlog》系列短视频表现出明显的话题化分类倾向。例如，《央视记者武汉Vlog》系列短视频跟随受众关注点，覆盖了口罩争议、物资问题、医护人员工作环境以及普通人的宅家方式等诸多话题，先后发布了《记者实地探访：武汉人都戴口罩了吗？》《记者实测：武汉晚上还能点外卖吗？》《武汉抗疫一线医生是如何休息的？》《武汉市民宅在家里都干啥？》等视频。在微博平台上，央视新闻不仅每条视频和图文均含有带"#"的微博话题，还创建了"共同战疫"（106亿次阅读量，598万次讨论量）、"全球抗疫第一线"（45亿次阅读量，83万次讨论量）、"谢谢你为湖北拼过命"（33亿次阅读量，1584万次讨论量）和"好久不见"（27亿次阅读量，1048万次讨论量）等热门话题标签，内容带有明显的话题化分类特点。①

在国际社交媒体平台上，中国国际电视台（CGTN）在Facebook和YouTube持续更新 The Point with LIU Xin（《视点》）栏目。疫情期间，该栏目以中外热门话题为导向，先后涉及中国的防疫措施、雷神山和火神山医院的建设、武汉民众的日常生活、被感染的医护人员、东亚和非洲国家的疫情概况等内容，多次回应外媒借新冠肺炎疫情暴发指责中国、诋毁中国国家形象的行为。该栏目针对大众最关注的新冠病毒是否为实验室制造的问题进行回应并给予否定的答案，成为自新冠肺炎疫情暴发以来该栏目最高视频播放量

---

① 微博话题阅读量和讨论量数据，统计于2020年4月5日。

的节目。

由此可见,总台在视频报道的议程设置上,不仅关注受众议程变化、跟踪网络实时热点,同时还针对受众细分话题,在不同平台回应不同受众群体所关心的不同话题。

三、碎片化传播:传统电视内容"化整为零"的新路径

新媒体时代,人们倾向于利用零散时间主动获取自己所需要的个性化精准信息。对于电视媒体而言,顺应信息内容碎片化趋势不可避免,同时需要将内容产品由传统电视节目转化为时长更短的网络视频产品。但碎片化不仅仅是缩短视频的时长,总台在疫情期间对于三类内容采取了三种不同的碎片化路径。

第一是将原有电视节目按内容和主题切分剪辑,直接生成时长更短的视频。例如,新闻频道的官网账号央视新闻在微博、微信公众号、哔哩哔哩等新媒体平台发布《新闻联播》《朝闻天下》《24小时》《新闻1+1》等传统电视新闻栏目的新闻主题剪辑版,同时在境外视频平台YouTube上传《焦点访谈》《生活提示》等传统电视节目。碎片化路径的优势在于网络视频的制作时间短、成本低、时效性强。由于视频保留了画面标题、字幕和配音等电视节目包装,能够确保信息内容的传递准确,与电视新闻所展现的态度立场完全一致。这种模式也被英国广播公司(BBC)和美国有线电视新闻网(CNN)等外国媒体在YouTube平台大量使用。由于电视新闻与网络短视频的内容风格存在差异,这种碎片化路径会使视频显得正式严肃,略显僵硬呆板。正因如此,碎片化路径更适合传达官方发布的通知和消息,以保障新闻的时效性、严肃性和准确性。在

新冠肺炎疫情报道中,央视新闻对权威部门机构发出的通知和回应便采取了这种传播方式。例如,2020年2月2日,央视新闻向哔哩哔哩平台上传的《朝闻天下》节目中,国家卫健委回应新冠肺炎与感冒、流感的四个区别;2月18日上传的《新闻联播》节目中,国务院宣布阶段性减免企业社保费并缓缴住房公积金的消息等。

  第二是基于原有电视节目元素创作短视频。总台《主播说联播》系列短视频采用纵向拍摄,更适合在手机、平板电脑等移动端播放,迎合了抖音、快手等短视频平台用户的使用习惯。疫情期间,《主播说联播》节目每日一期,涉及"用过的口罩如何处理""致敬李文亮医生""英雄也是血肉之躯""特朗普改名病毒"等热门话题。在微博平台,该系列发布的《愿所有逝去的同胞安息》视频播放量超过2000万次,成为该系列在新冠肺炎疫情期间播放量最高的视频。此外,疫情期间,央视新闻在哔哩哔哩平台上传了8条关于"段子手主持人"朱广权的视频,如《权式Rap防疫指南来了!》《朱广权超长Rap播报东北小伙误入武汉抗疫神剧情》《字字千金!权式盘点中国援助物资上的美好祝愿》等。这样的视频碎片化方法会耗费更多时间和人力,但更适应新媒体平台的传播。央视新闻在科普教育、人文故事、观点评论等视频中加入传统电视节目元素,使网络视频借助国家电视台的公信力得到更好的传播效果,这类接地气的网络视频内容能有效改变国家电视台的传统形象,使其更具有亲和力。

  第三是直接转载或利用网络素材制作短视频。疫情期间,央视新闻在微博平台对"新疆小学生和值班医生互相鞠躬""回国女子大闹机场"等网络素材进行二次创作,这种碎片化路径被央视的Facebook英文账号CCTV(@cctvcom)广泛使用。在 *Battle Against COVID-19*(《对战新冠》)的Facebook中,@cctvcom发布的视频大多利用网络素材二次编辑,增添了英文字幕,如 *Iranian barista in*

Wuhan delivers coffee to medical workers（《武汉的伊朗咖啡师为医务人员提供咖啡》），*Mom is fighting against "monster" in Wuhan*（《妈妈去武汉打"怪兽"了》）等视频。

（原载《电视研究》2020年第6期，作者为刘滢、蒲昳林）

参 考 文 献

一、英文文献

[1] Alessio C, Annika S, David A. L L, Rasmus K N. Private sector news, social media distribution, and algorithm change[R/OL]. (2018-09)[2019-01-15]. https://reutersinstitute.politics.ox.ac.uk/our-research/private-sector-news-social-media-distribution-and-algorithm-change.

[2] Asante M. The Western Media and the Falsification of Africa: Complications of Value and Evaluation[J]. China Media Research, 2013,9(2): 64-70.

[3] Bishop R L. How Reuters and AFP Coverage of Independent Africa Compares[J]. Journalism Quarterly, 1975, 52(4): 654-662.

[4] Bottomley A J. Podcasting: A decade in the life of a "New" audio medium: Introduction[J]. Journal of Radio & Audio Media, 2015,22(2): 164-169.

[5] Bucher T. Want to be on the top? Algorithmic power and the threat of invisibility on Facebook[J]. New media & society, 2012, 14(7): 1164-1180.

[6] Cialdini R B. Influence: Science and practice[M]. Boston, MA: Pearson education, 2009.

[7] Fletcher R, Kalogeropoulos A, Levy D A L & Nielsen R K. Digital News Report 2018 [R/OL]. (2018) [2019-01-15]. https://www.digitalnewsreport.org/survey/2018/.

[8] Future Today Institution. 2018 Tech Trends for Journalism and Media[R/OL]. (2017-10-20)[2018-02-03]. https://futuretodayinstitute.com/2018-tech-trends-for-journalism-and-media/.pdf.

[9] Gallagher K. How Gen Z and millennials watch Stories[EB/OL]. (2018-08)[2019-01-15]. https://www.businessinsider.com/vidmob-report-how-gen-z-millennials-watch-stories-2018-8.

[10] Hansen M, Roca-Sales M, Keegan J M et al. Artificial Intelligence: Practice and Implications for Journalism[R/OL]. (2017-09-14)[2020-02-08]. https://academiccommons.columbia.edu/doi/10.7916/D8X92PRD.

[11] JAKPAT Survey Report. Indonesia Social Media Trend 1st Semester 2018 [R/OL]. (2018-12-19)[2019-01-15]. https://blog.jakpat.net/indonesia-social-media-trend-1st-semester-2018/.

[12] Jenkins H, Ford S, Green J. Spreadable media: Creating value and meaning in a networked culture[M]. NYU press, 2013.

[13] Kemp S. Digital in 2018: World's internet users pass the 4 billion mark [J]. We are social, 2018, 30.

[14] Kemp S. Digital in 2018: Essential insights into internet, social media, mobile, and ecommerce use around the world [J]. We are social, 2018, 362.

[15] Kleis Nielsen R, Ganter S A. Dealing with digital intermediaries: A case study of the relations between publishers and platforms[J]. New media & society, 2018, 20(4): 1600-1617.

[16] Kohring M, Matthes J. Trust in news media: Development and validation of a multidimensional scale[J]. Communication research, 2007, 34(2): 231-252.

[17] McEwan B, Sobre-Denton M. Virtual cosmopolitanism: Constructing third cultures and transmitting social and cultural capital through social media [J]. Journal of International and Intercultural Communication, 2011, 4 (4): 252-258.

[18] Monteiro-Ferreira A. The Demise of the Inhuman: Afrocentricity, Modernism, and Postmodernism[M]. State University of New York Press, 2014.

[19] Newman N, Fletcher R, Kalogeropoulos A, el al. Reuters institute digital news report 2017[R/OL]. (2017)[2020-02-08]. https://reutersinstitute.politics.ox.ac.uk/sites/default/files/Digital%20News%20Report%202017%20web_0.pdf.

[20] Reuters Institute for the Study of Journalism. Journalism, Media and Technology Trends and Predictions 2018[R/OL]. (2018-01-10)[2018-02-08]. http://reutersinstitute.politics.ox.ac.uk/risj-review/risj-director-research-joins-european-commission-high-level-group-disinformation.pdf.

[21] Robertson A. Mediated cosmopolitanism: The world of television news [M]. Polity, 2010.

[22] Romm T, Fung B, Davis A C & Timberg C. "It's about time": Facebook faces first lawsuit from U.S. regulators after Cambridge Analytica scandal [R/OL]. (2018-12-19)[2019-01-15]. https://www.washingtonpost.com/technology/2018/12/19/dc-attorney-general-sues-facebook-over-alleged-privacy-violations-cambridge-analytica-scandal/?utm_term=.e67a2b687ef9.

[23] Routley N. Visualizing the Social Media Universe: 2018 [EB/OL]. (2018)[2019-01-15]. https://www.visualcapitalist.com/social-media-universe/.

［24］ Russell S, Norvig P. Artificial intelligence：A modern approach［J］. The Knowledge Engineering Review, 1996, 11(1)：78-79.

［25］ Schiller H. Communication and cultural domination［M］. New York：International Arts and Sciences Press, 1976.

［26］ Shearer E, Matsa K E. News Use Across Social Media Platforms 2018 ［R/OL］.（2018-09-10）［2019-01-15］. https：//www.journalism.org/2018/09/10/news-use-across-social-media-platforms-2018/.

［27］ Smith A, Anderson M. Social Media Use 2018［R/OL］.（2018-03-01）［2019-01-15］. https：//www.pewresearch.org/internet/wp-content/uploads/sites/9/2018/02/PI_2018.03.01_Social-Media_FINAL.pdf.

［28］ Swan M. Blockchain：Blueprint for a new economy［M］. "O'Reilly Media, Inc.", 2015.

［29］ Stocking G, Sumida N. Social Media Bots Draw Public's Attention and Concern 2018［R/OL］.（2018-10-15）［2019-01-15］. https：//www.journalism.org/2018/10/15/social-media-bots-draw-publics-attention-and-concern/.

［30］ Thussu D K. International communication：Continuity and change［M］. Bloomsbury Publishing, 2019.

［31］ Winston P H. Artificial intelligence［M］. Reading, MA；Addison-Wesley, 1992.

二、中文文献

［1］ 蔡名照. 探索有通讯社特色的融合发展之路 推动媒体融合向纵深发展［J］. 中国记者, 2019(03)：8-10.

［2］ 曹博远. 今日头条打造反谣言全球技术平台［N］. 法制日报, 2018-01-12(A19).

［3］ 常江. 从中国案例到中国范式：评《中国媒体走向全球》［J］. 国际新闻界, 2018, 40(06)：173-176.

［4］ 程曼丽, 王维佳. 对外传播及其效果研究［M］. 北京：北京大学出版社, 2011.

［5］ 程曼丽. 以中国的全球战略思维重新审视海外华文传媒［J］. 对外传播, 2015(10)：4-6, 1.

［6］ 程曼丽. 国际传播学教程［M］. 北京：北京大学出版社, 2018.

［7］ 戴佳, 史安斌. "国际新闻"与"全球新闻"概念之辨——兼论国际新闻传播人才培养模式创新［J］. 清华大学学报(哲学社会科学版), 2014(01)：42-52.

［8］ 丁和根. 生产力·传播力·影响力——信息传播国际竞争力的分析框架［J］. 新闻大学, 2010(04)：136-142.

[9] 杜骏飞,吴洪.网络视频:国际话语空间的拓展与秩序重构[J].中国广播电视学刊,2009(08):63-64.

[10] 冯冰,曾繁娟,孔张艳.新华社海外社交媒体融合发展创新经验[J].国际传播,2018(03):64-68.

[11] 福特纳.国际传播:"地球都市"的历史、冲突与控制[M].刘利群,译.北京:华夏出版社,2000.

[12] 关世杰.国际传播学[M].北京:北京大学出版社,2004.

[13] 郭镇之,杨颖,张小玲,杨丽芳.关于BBC中国主题纪录片的两次国外小型受众调查[J].国际传播,2016(01):63-71.

[14] 郭镇之.乘机出海[J].全球传媒学刊,2019,6(03):162-169.

[15] 胡正荣,李荃.推进媒体融合,建设智慧全媒体,提升国际传播能力[J].对外传播,2019(05):4-7.

[16] 惠东坡.西方国家新闻版权保护的举措与借鉴[J].中国记者,2014(07):34-36.

[17] 伽摩利珀.全球传播[M].尹宏毅,等译.北京:清华大学出版社,2008.

[18] 姜飞,姬德强.发展中的中国国际传播思想及其世界意义[J].出版发行研究,2019(11):70-76.

[19] 姜飞,张楠.中国对外传播的三次浪潮(1978—2019)[J].全球传媒学刊,2019,6(02):39-58.

[20] 金兼斌,江苏佳,陈安繁,沈阳.新媒体平台上的科学传播效果:基于微信公众号的研究[J].中国地质大学学报(社会科学版),2017,17(02):107-119.

[21] 鞠先鹤.网络军事视频对外传播效果探究——以中国军网视频分析为例[J].中国传媒科技,2012(18):122-123.

[22] 凯利.技术元素[M].张行舟,余倩,等译.北京:电子工业出版社,2012.

[23] 凯利.失控[M].东西文库,译.北京:新星出版社,2012.

[24] 柯惠新,陈旭辉,李海春,等.我国对外传播效果评估体系的框架研究[C]//全国对外传播理论研讨会,2009.

[25] 匡文波.论新媒体传播中的"蝴蝶效应"及其对策[J].国际新闻界,2009,6(8):72-75.

[26] 李金铨.国际传播的国际化——反思以后的新起点[J].开放时代,2015(01):211-223,9.

[27] 李金铨.传播研究的典范与认同[J].书城,2014(02):51-63.

[28] 李宇.新中国成立70年中国影视对外传播的发展与变革[J].对外传播,2019(06):17-18.

[29] 李智.国际传播[M].北京:中国人民大学出版社,2013.

[30] 梁德学,唐润华.媒介技术演进与中国价值观国际传播的路径创新[J].国际传播,2018(03):8-18.

[31] 林静.从央视春晚"咻一咻"浅谈"延展型电视"的发展路径[J].新闻研究导刊,2016(04):268-269.

[32] 刘滢.媒介融合:海外媒体在做什么[J].新闻与写作,2009(07):22-24.

[33] 刘滢.从七家中国媒体实践看海外社交平台媒体传播效果评估[J].中国记者,2015(07):80-82.

[34] 刘滢.国际传播:全媒体生产链重构[M].北京:新华出版社,2016.

[35] 刘滢.新华社海外社会化媒体传播的路径与效果[C]//国际传播蓝皮书.中国国际传播发展报告(2016).北京:社会科学文献出版社,2016:114-136.

[36] 刘滢,陈明霞.如何让"智能机器人"成为好记者——人工智能时代新闻业的行动与思考[J].青年记者,2017(16):85-87.

[37] 刘滢.新媒体环境下国际传播的转向与重构[J].新闻与写作,2018(10):78-81.

[38] 刘滢,吴潇.打造全球新闻视频传播枢纽——美联社网络视频发展新趋势[J].青年记者,2018(16):79-81.

[39] 刘滢,唐悦哲.反向流动视阈下的社交网络与中国媒体全球传播[J].新闻与写作,2019(07):71-75.

[40] 龙小农.金砖国家重构全球传播秩序:历史依据与现实路径[J].现代传播,2019,41(06):73-79,85.

[41] 毛伟.新华社海外社交平台运营态势分析[C]//章晓英,刘滢,卢永春.中国媒体微传播国际影响力年度报告.北京:社会科学文献出版社,2019:68.

[42] 彭兰.社会化媒体:理论与实践解析[M].北京:中国人民大学出版社,2015.

[43] 彭兰.人人皆媒时代的困境与突围可能[J].新闻与写作,2017(11):64-68.

[44] 彭兰.新媒体传播:新图景与新机理[J].新闻与写作,2018(07):5-11.

[45] 普罗瑟.文化对话:跨文化传播导论[M].何道宽,译.北京:北京大学出版社,2013.

[46] 沈正赋.新媒体时代新闻舆论传播力、引导力、影响力和公信力的重构[J].现代传播,2016(05):1-7.

[47] 朴经纬,唐天开.全球化时代的媒体与传播:达雅·屠苏的传播思想评介[J].新闻研究导刊,2016,7(14):13-15.

[48] 萨义德.东方学[M].王宇根,译.北京:生活·读书·新知三联书

店,1999.
[49] 慎海雄. 不忘初心、牢记使命 奋力打造国际一流新型主流媒体[J]. 机关党建研究,2019(08):29-31.
[50] 史安斌,钱晶晶. 从"客观新闻学"到"对话新闻学"——试论西方新闻理论演进的哲学与实践基础[J]. 国际新闻界,2011(12):67-71.
[51] 史安斌. 全球传播出现新变局[N]. 社会科学报,2013-05-09(005).
[52] 史安斌,欧阳春雪. 打造"延展"型媒体:Web3.0时代美国电视节目营销新趋势[J]. 电视研究,2014(11):73-75.
[53] 史安斌,张梓轩. 危机传播的跨文化转向研究——基于对"帝吧出征Facebook"事件的多元声音分析[J]. 新闻与传播评论,2017(01):166-183.
[54] 史安斌,盛阳. "一带一路"背景下我国对外传播的创新路径[J]. 新闻与写作,2017(08):10-13.
[55] 史安斌,张耀钟. 新中国形象的再建构:70年对外传播理论和实践的创新路径[J]. 全球传媒学刊,2019,6(02):26-38.
[56] 史安斌,张耀钟. "四全+4D":新时代国际传播理论实践的创新进路[J]. 电视研究,2019(07):12-16.
[57] 史安斌,张耀钟. 5G时代的新媒体新应用与全球新闻传播生态的重塑[J]. 新互联网时代,2020(02).
[58] 唐润华. 外争权利 内增实力——新形势下如何提升国际舆论话语权[J]. 中国记者,2011(07):15-17.
[59] 唐润华,刘滢. 重点突破:中国媒体国际传播的战略选择[J]. 南京社会科学,2011(12):105-111.
[60] 唐润华,曹波. 人类命运共同体视阈下中国对外话语体系的时代特征[J]. 现代传播(中国传媒大学学报),2019,41(07):33-37.
[61] 唐绪军,黄楚新,刘瑞生. 微传播:正在兴起的主流传播 ——微传播的现状、特征及意义[J]. 新闻与写作,2014(09):5-8.
[62] 田智辉. 新媒体环境下的国际传播[M]. 北京:中国传媒大学出版社,2010.
[63] 童兵,潘荣海. "他者"的媒介镜像——试论新闻报道与"他者"制造[J]. 新闻大学,2012(02):72-79.
[64] 涂鸣华,李彬. 新中国成立70年对外传播思想的回顾和展望[J]. 对外传播,2019(06):7-10.
[65] 屠苏. 国际传播:延续与变革[M]. 董关鹏,主译. 北京:新华出版社,2004.
[66] 万可. 美英新闻媒体人工智能应用实践及启示[J]. 中国传媒科技,2017(07):19-20.
[67] 王力. 5G遇到AI变化超乎想象[N]. 中国纪检监察报,2019-09-09(006).

[68] 王义桅.讲好中国故事要实现"三超越"——以如何讲好"一带一路"故事为例[J].对外传播,2015(09):24.

[69] 王昀,陈先红.迈向全球治理语境的国家叙事:"讲好中国故事"的互文叙事模型[J].新闻与传播研究,2019(07):17-32.

[70] 王晓晖.加强国际传播能力建设,精心构建对外话语体系[J].马克思主义与现实,2014(04):1-3.

[71] 王星.网络传播环境下新闻版权问题的演变与应对[J].传播与版权,2016(05):178-179.

[72] 韦路,左蒙.新世界主义的理论正当性及其实践路径[J].浙江大学学报(人文社会科学版),2019,49(03):108-120.

[73] 吴飞等.国际传播的理论、现状和发展趋势研究[M].北京:经济科学出版社,2016.

[74] 吴飞.共情传播的理论基础与实践路径探索[J].新闻与传播研究,2019,26(05):59-76.

[75] 吴健,高力,朱静宁.基于区块链技术的数字版权保护[J].广播电视信息,2016(07):60-62.

[76] 夏鹏,王从雷.社交网络信息推送与分享相关专利分析[J].电视技术,2013,37(S2):176-177.

[77] 相德宝.从微信国际化看社会资本参与对外传播[J].对外传播,2017(05):22-23.

[78] 项立刚.5G时代:什么是5G,它将如何改变世界[M].北京:中国人民大学出版社,2019.

[79] 徐婷婷.新闻业的"人工智能"时代[J].科技传播,2016,8(15):82-83.

[80] 严文斌.新华通讯社面临在自家门口的新闻竞争——谈新华社如何做好"两会"的对外报道[J].对外大传播,2007(03):17-20.

[81] 严文斌,赵宇.论新华社社长蔡名照专访普京的传播创新与实践价值[J].中国记者,2016(09):10-12.

[82] 杨航,徐嫦聆.熊猫频道国际传播策略研究——以脸谱网熊猫账号为例[J].电视研究,2018(06):82-85.

[83] 喻国明.影响力经济——对传媒产业本质的一种诠释[J].现代传播-中国传媒大学学报,2003(01):1-3.

[84] 喻国明.中国大众媒介的传播效果与公信力研究——基础理论、评测方法与实证分析[M].北京:经济科学出版社,2009.

[85] 喻国明.互联网发展下半场:"聚变"业态下的行动路线[J].新闻与写作,2017(10):48-50.

[86] 喻国明.5G:一项引发传播学学科范式革命的技术——兼论建立电信传播学的必要性[J].新闻与写作,2019(07):54-56.

[87] 喻国明,曲慧.边界、要素与结构:论5G时代新闻传播学科的系统重

构[J]. 新闻与传播研究, 2019, 26(08): 62-70, 127.

[88] 于运全, 翟慧霞, 王丹. "一带一路"沿线国家中国观调查分析报告[J]. 对外传播, 2019(03): 4-6.

[89] 詹金斯. 融合文化: 新媒体和旧媒体的冲突地带[M]. 杜永明, 译. 北京: 商务印书馆, 2012.

[90] 章晓英. 中国对外话语体系建构: 一个叙事学视角[J]. 国际传播, 2019(01): 1-7.

[91] 章晓英, 刘滢, 卢永春. 中国媒体微传播国际影响力年度报告[M]. 北京: 社会科学文献出版社, 2019.

[92] 张剑. 西方文论关键词 他者[J]. 外国文学, 2011(01): 118-127.

[93] 张昆, 张铁云. "共识"与"共识的程度": 国家形象认知的别种维度[J]. 现代传播, 2019, 41(06): 68-72.

[94] 张毓强, 黄姗. 中国国际传播中的信息生产、信息在场与沟通达成[J]. 对外传播, 2019(08): 61-64.

[95] 张磊. 走向人类命运共同体: 历史视角下的全球传播秩序变迁与重建[J]. 国际传播, 2019(02): 1-9.

[96] 张天培. 国外媒体付费阅读模式的新探索[J]. 新闻战线, 2018(05): 49-51.

[97] 赵永华, 孟林山. 时局、外交与对外传播思想: 新中国成立70年的演进[J]. 对外传播, 2019(06): 4-6.

[98] 郑保卫, 李晓喻. 影响力公信力亲和力——新媒体环境下的党报应对之道[J]. 新闻与写作, 2013(02): 35-37.

[99] 郑丽勇. 中国新闻传媒影响力研究报告[M]. 杭州: 浙江大学出版社, 2011.

[100] 郑越, 陆浩. 讲好海外社交媒体上的中国故事——以我国三家主流媒体"一带一路"Facebook报道为例[J]. 电视研究, 2018(09): 7-9.

[101] 钟新, 陈婷. 中国方案的对外传播——基于国际公信力的视角[J]. 对外传播, 2019(09): 43-45.

[102] 周树春. 自觉把握新时代国际传播的特征规律[J]. 对外传播, 2019(12): 4-6.

[103] 周庆安, 聂悄语. 认同构建与制度转型: 中国对外传播70年的新制度主义研究[J]. 全球传媒学刊, 2019, 6(02): 59-73.

[104] 周翔, 李静. 传播影响力: 概念、研究议题与评估体系研究评述[J]. 中国媒体发展研究报告, 2014(00): 160-172.

[105] 周翔, 程晓璇. 网络视频模因跨文化适应性的实证探析[J]. 现代传播-中国传媒大学学报, 2016, 38(09): 44-50.

[106] 周洋. BBC iPlayer: 以用户体验为核心[J]. 视听界, 2012(05): 62-65.

[107] 朱鸿军, 蒲晓. 新中国成立70年对外传播媒介与传播观念之变迁回顾[J]. 对外传播, 2019(06): 11-13.

后　　记

　　书稿付梓之时正值全球新冠肺炎疫情蔓延,国际传播的海洋暗流涌动,酝酿着一场惊涛骇浪。

　　在全球新冠肺炎疫情危机背景下,我国国际传播面临前所未有的新挑战。一方面,国际社会长期以来对中国有诸多误解,国际舆论环境于我不利;另一方面,在病毒起源等问题上美国等西方国家把矛头对准中国,政客言论及媒体报道多有偏颇不实之处,涉华舆情走向不乐观。此外,美国等西方国家对中国媒体愈加防范,新华社等我国媒体记者被美国限制签证有效期,传统国际传播渠道遭遇阻力。如何在这样的背景下向世界讲好中国故事?如何化危为机,通过疫情报道提升中国媒体的国际影响力?依托新传播技术和平台的全媒体国际传播大有用武之地。

　　换个角度思考,新冠疫情是重构国际传播格局、重建世界信息传播秩序的历史性机遇。中国积极向世界贡献"中国方案"和"中国智慧",有助于冲击西方国家的舆论主导地位,促进信息传播的"逆向流动",撼动"西强我弱"的舆论格局,引领发展中国家媒体走向世界信息传播舞台的核心,拥有更多的话语权。全媒体的传播手段与方式则使我们有可能用更鲜活、更立体、更互动、更友好、更人性化的样态,将内容迅速、大范围、有针对性地传播出去,取得以前不曾企及的效果,产生比以往更持久的影响。

　　"推进媒体融合发展、建设全媒体"不仅是我国新闻业面临的一项紧迫课题,也是世界传媒领域的大势所趋。从我国来看,2020年是县级融媒体中心建设两周年,融合传播的理念已经在基层生根发芽。11月初,我带着北京外国语大学国际新闻与传播学院

2019级国际新闻传播硕士班的学生来到山西媒体智慧云平台,考察媒体融合推进情况。这一平台是由山西广播电视台和山西日报报业集团共同出资组建的,可以覆盖省市县三级新闻单位的全媒体采集、内容分发和终端运营,将来还有望对接国家级的融媒体平台,助力国际传播。从世界范围看,在新信息技术的驱动下,全球传播生态正在发生颠覆性变化,"5G+人工智能(AI)+虚拟现实(VR)/增强现实(AR)/混合现实(MR)"的多种可能性对内容产品形态的创新提出了更高要求。为了将中国故事和中国视角的国际新闻嵌入传播对象国受众的日常生活,吸引当地受众的参与和互动,全媒体国际传播体系的建立势在必行。

未来已来,随着世界传播格局的巨变和新传播形态的不断涌现,全媒体时代的跨国对话、交流、传播活动以及基于这些变化的研究成果必将一浪高过一浪,本书只是前浪。

刘 滢

2020年11月28日